TRY! トライ
JLPT 일본어 능력시험 N2

중급 문법으로 입 트이는 일본어

저자 ABK(公益財団法人 アジア学生文化協会)

はじめに 머리말

この本は、日本語能力試験のN2に対応した文法の問題集で、ABK（公益財団法人 アジア学生文化協会）の30年の日本語教育の経験を生かして、学内で使いながら作られたものです。日本語を勉強している皆さんが、文法をきちんと整理して、日本語が上手に使えるようになることを願って作りました。

文法は「聞く・話す・読む・書く」の基礎になるものです。この本では次のプロセスで勉強が進められるように工夫しました。

1. 実際にその文法がどのように使われているかを知る。
2. 基本的な練習で使い慣れる。
3. まとめの問題で話を聞いたり日本語の文章を読んだりする運用練習をする。

まとめの問題は日本語能力試験の出題形式に合わせてありますので、試験を受ける皆さんは、この本1冊で文法対策と読解、聴解の試験の練習ができるようになっています。

「TRY!」という名前には、気軽にやってみようという意味と、ラグビーのトライのようにがんばったことが得点につながるという意味を込めました。皆さんがこの本で勉強して、日本語能力試験N2に合格し、さらに日本語を使って楽しく自己表現ができるようになりますよう、お祈りしています。

このシリーズはN5〜N1まで、各レベルに合わせて5冊の本があります。この本が終わったら、ぜひN1レベルに進んで、レベルアップを目指してください。

본 도서는 일본어능력시험 JLPT N2 수준의 문법 교재로, ABK (공익재단법인 아시아학생문화협회)의 30년간의 일본어 교육 경험을 바탕으로 교내에서 직접 사용해가며 제작한 책입니다. 일본어를 공부하고 있는 여러분들이 문법을 확실히 이해하고 일본어를 능숙하게 구사할 수 있게 되길 바라며 만들었습니다.

문법은 '듣기, 말하기, 읽기, 쓰기' 이 네 가지 파트가 기본 요소입니다. 본 책에서는 다음과 같은 순서로 학습이 이루어질 수 있도록 하였습니다.

1. 실제 커뮤니케이션 상황 속 문법이 어떠한 방식으로 사용되고 있는지 이해한다.
2. 기본적인 연습 과정을 거치며 문법 사용에 점차 익숙해진다.
3. 총정리 문제를 통해 대화를 듣거나 일본어 문장을 읽는 실전 연습을 한다.

총정리 문제는 일본어능력시험의 출제 형식에 따른 것으로, 시험을 치르는 여러분들이 본 도서만으로 문법, 독해, 청해 모든 파트를 대비할 수 있도록 하였습니다.

본 도서「TRY!」의 명칭은 '가볍게 해 보자!'라는 의미로, 럭비 경기의 트라이(Try)처럼 최선을 다하면 좋은 결과로 이어진다는 의미를 담고 있습니다. 여러분이 이 책을 통해 JLPT N2에 합격하고, 나아가 즐겁게 일본어로 즐겁게 의사표현할 수 있기를 바랍니다.

본 도서의 시리즈는 총 5권으로 N5부터 N1까지 각 레벨에 맞춰 구성되어 있습니다. 이 책을 마치고 나면 꼭 N1 레벨의 책으로 넘어가 더욱 실력을 향상시켜 보세요.

2022年2月　著者一同
2022년 2월 저자 일동

この本をお使いになる皆さんへ
이 책을 사용하시는 여러분께

この本は、本冊、別冊「答え・スクリプト」とMP3があります。
본 도서는 본책, 별책, 정답&스크립트, MP3로 구성되어 있습니다.

1. 本冊 본책

全部で14章に分かれており、それぞれ次のような構成になっています。
본 도서는 총 14장으로 나뉘어 있으며, 각각 다음과 같이 구성되어 있습니다.

各章の構成 각 장의 구성

1) できること 학습 목표

その章を学習すると、何ができるようになるかが書いてあります。
각 장을 학습하고 나면 무엇을 할 수 있는지에 대해 알 수 있습니다.

2) 見本文 본문

その章で勉強する文法項目が、実際にどのように使われているかわかるような文章になっています。1つの章が(1)(2)に分かれている場合、(1)(2)の見本文はストーリーがつながっています。勉強する文法項目は、すぐわかるように太字で書いてあります。
각 장에서 학습하는 핵심 문법이 실제로 어떻게 활용되는지에 대해 알 수 있습니다. 한 과가 (1), (2)로 나누어져 있는 경우가 있으며, 두 과에서 다루는 본문의 내용은 서로 연결되어 있습니다. 학습하는 핵심 문법은 한눈에 알아볼 수 있도록 굵은 글씨로 표기했습니다.

3) 文法項目 핵심 문법

その章で勉強する項目を順番に並べてあります。探すときに便利なように、1章から14章まで通し番号になっています。それぞれの中には、使い方、接続、例文、補足説明、練習問題などがあります（くわしい内容は☞p.6）。
각 장에서 학습하는 핵심 문법을 순서대로 정렬했습니다. 1장에서 14장까지 연결되는 번호를 매겨 원하는 파트를 쉽게 찾아볼 수 있습니다. 각 핵심 문법에는 사용법, 접속 형태, 예문, 보충 설명, 연습문제 등이 포함되어 있습니다. (상세 내용 참조 ☞ P. 6)

4) Check

各章の(1)の最後と(2)の最後に、簡単な練習問題があります。ここで、学習した文法項目がわかるかどうかチェックします。間違えたら、その項目のところに戻ってもう一度確認しましょう。
각 장 (1), (2)의 마지막 페이지에 간단한 연습문제가 있습니다. 학습한 핵심 문법을 잘 이해했는지 문제를 통해 체크해 봅시다. 오답일 경우, 그 문법의 파트로 돌아가 다시 한번 확인해 봅시다.

5) まとめの問題　총정리 문제

その章で勉強した文法を中心にした、文法、読解、聴解の問題です。日本語能力試験の出題形式に合わせた形になっていますから、文法項目の再確認をしながら、試験対策ができます。

각 장에서 학습한 문법을 중심으로 구성한 문법, 독해, 청해 문제입니다. 일본어능력시험의 출제 형식을 따랐으며, 학습한 문법 항목들을 재확인해가는 과정을 통해 실제 시험에 대비할 수 있습니다.

2. 別冊　별책

1) **やってみよう！** **Check** 📖 정답
2) **まとめの問題** 정답 & 스크립트

3. MP3

「見本文」と、「まとめの問題」の聴解問題の音声

본문, 총정리 문제 청해 파트 음성

※ 시원스쿨 홈페이지(japan.siwonschool.com)의 수강신청 탭 ➡ 교재/MP3에서 다운로드하실 수 있습니다.
　학습지원센터 탭 ➡ 공부 자료실에서도 다운로드하실 수 있습니다.

4. 語彙リスト　어휘 리스트

本冊で使われている言葉の「語彙リスト」があります。ダウンロードして使ってください。

본 책에서 쓰인 어휘를 모아둔 '어휘 리스트'가 있습니다. 다운로드하여 학습에 활용해 주세요.

※ 시원스쿨 홈페이지(japan.siwonschool.com)의 수강신청 탭 ➡ 교재/MP3에서 다운로드하실 수 있습니다.
　학습지원센터 탭 ➡ 공부 자료실에서도 다운로드하실 수 있습니다.

文法項目の中にあるもの 핵심 문법의 구성

◉ 별 마크

★★★

각 핵심 문법의 오른쪽 부분에 총 3단계의 별 마크(★)가 표시되어 있습니다. 별이 많을수록 보다 중요한 문법 항목을 나타냅니다.

◉ 상황별 아이콘

각 커뮤니케이션 상황에 맞춰 사용할 수 있는 표현을 이미지로 나타내어, 아이콘으로 표시해 두었습니다.

 친구나 가족 등 친한 사람과 대화할 때 쓰는 표현입니다.

 다소 형식적인 표현으로 친구나 가족 등 친한 사람과 대화할 땐 쓰지 않는 표현입니다.

 손윗사람이나 처음 만난 사람과 대화할 때, 혹은 점원이 손님에게 쓰는 표현입니다.

 후회나 유감을 나타낼 때, 혹은 상대방을 비판할 때 쓰는 표현입니다.

 어떤 대상을 높게 평가하거나 칭찬할 때, 혹은 일반적으로 높이 평가되는 것에 대해 인정할 때 쓰는 표현입니다.

1. どう使う?

1) 문법 설명

각 문법의 쓰임과 활용에 대해 알 수 있습니다. 무엇을 전달할 때 쓰는지, 어떠한 뉘앙스가 담긴 표현인지 알 수 있습니다.

2) 접속 형태 설명

접속하는 품사의 형태를 기호로 나타냈습니다.

예: **N** + で

특별한 어휘나 표현을 확인할 수 있는 표가 있습니다.
*는 접속 시 유의해야 할 사항을 표시해 두었습니다.

3) 예문

①, ②와 같이 번호가 매겨져 있습니다. 예문은 일상생활에서 자주 쓰이는 것으로 선정했습니다.
또한, 보다 쉽게 이해할 수 있도록 일부 예문에 일러스트를 추가했습니다. 🔗 아이콘은 관용적으로 사용되는 표현을 나타냅니다.

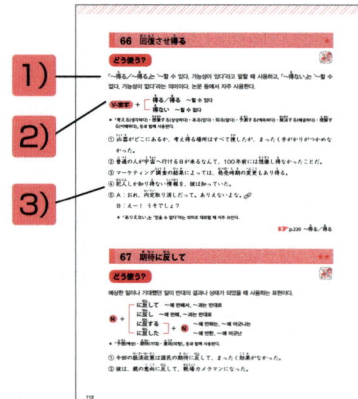

2.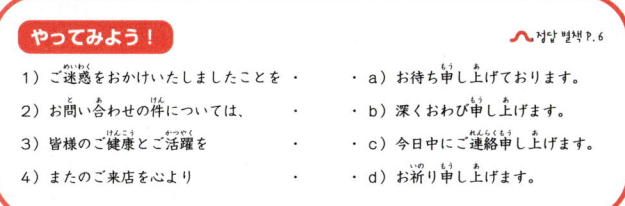

핵심 문법을 확인할 수 있는 연습 문제입니다.

どう使う? 와 예문에서 배운 것을 잘 활용할 수 있는지 실제 문제를 풀며 체크해 보세요.

3. 학습 Tip

1)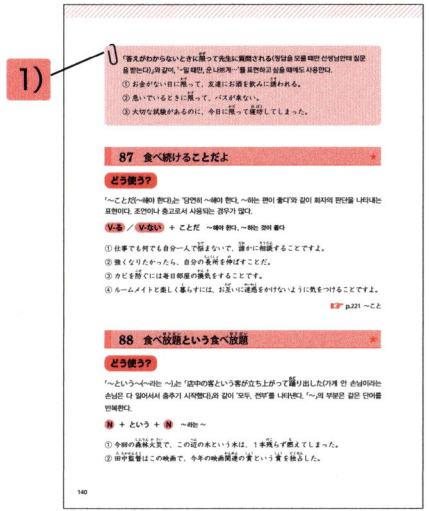

2)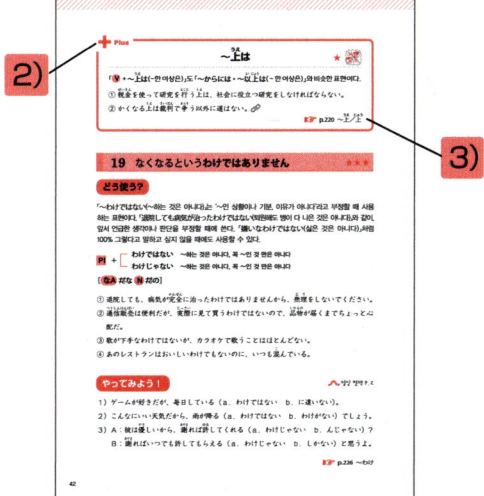

3)

1) 추가 설명

 다른 문형과의 차이점이나 추가 설명이 덧붙여져 있습니다.

2) 비슷한 문형

 비슷한 문형이나 함께 알아 둘 필요가 있는 문형이 표기되어 있습니다.

3) 관련 문형

☞ 연관된 핵심 문법의 페이지를 표시한 기호입니다.

品詞と活用形のマーク 품사와 활용형 기호

1) 품사

품사	기호	예
명사	N	えんぴつ、日本語、病気
い형용사	いA	大きい、小さい、おいしい
な형용사	なA	元気、便利、静か
동사	V	行く、食べる、勉強する

2) 동사의 활용형

활용형	기호	예
ます형	V-ます	行きます
사전형	V-る	行く
て형	V-て	行って
た형	V-た	行った
ない형	V-ない	行かない
동사의 보통형	V-PI	行く・行かない・行った・行かなかった
가능형	V-できる	行ける
수동형	V-られる	行かれる
사역형	V-させる	行かせる
의지형	V-よう	行こう
가정형	V-ば	行けば

3) 보통형・정중형

PI 보통형(반말체)

동사	行く 行かない 行った 行かなかった	い형용사	大きい 大きくない 大きかった 大きくなかった
な형용사	元気だ 元気じゃない／元気ではない 元気だった 元気じゃなかった 　／元気ではなかった	명사	病気だ 病気じゃない／病気ではない 病気だった 病気じゃなかった 　／病気ではなかった

Po 정중형

동사	行きます 行きません 行きました 行きませんでした	い형용사	大きいです 大きくないです／大きくありません 大きかったです 大きくなかったです 　　／大きくありませんでした
な형용사	元気です 元気じゃないです * 　　／元気じゃありません * 元気でした 元気じゃなかったです * 　　／元気じゃありませんでした *	명사	病気です 病気じゃないです * 　　／病気じゃありません * 病気でした 病気じゃなかったです * 　　／病気じゃありませんでした *

接続の示し方 접속 형태 표시

각 문법의 접속 형태는 다음과 같이 표기되어 있습니다.
예)

V-て ＋ ください	食べてください	
V-ます ＋ たい	会いたい	
V-ない ＋ ないでください	行かないでください	
いA く	大きく	
なA な	しずかな	
なA に	しずかに	
Pl ＋ んです [**なA** だな　**N** だな]	行くんです 行ったんです 大きいんです 大きかったんです 元気なんです 元気だったんです 病気なんです 病気だったんです	行かないんです 行かなかったんです 大きくないんです 大きくなかったんです 元気じゃないんです * 元気じゃなかったんです * 病気じゃないんです * 病気じゃなかったんです *
Pl ＋ ら [과거형만]	行ったら 大きかったら 元気だったら 病気だったら	行かなかったら 大きくなかったら 元気じゃなかったら * 病気じゃなかったら *

* 논문 등의 딱딱한 문장을 쓰거나 정중하게 말할 때는 な형용사・명사의 「じゃ」 대신 「では」를 사용한다.

この本をお使いになる先生方へ
이 책을 활용하시는 선생님께

この本をお使いくださり、ありがとうございます。本書の目指すところは、日常生活の様々な場面で、具体的に日本語がどのように使われているかを目で見て、感じて、それを踏まえて文法を学ぶことです。それによって、会話やスピーチ、読解の中で使われている文法項目に自然になじみ、日本語能力試験への対応も、スムーズに進むと思います。さらに発話や作文などの自己表現にも応用できるようになると信じています。

近年、インターネットの普及に伴って、海外の学習者も生の日本語に直に触れる機会が増え、自然な日本語の習得に一役買っていることは確かです。運用を重視するという日本語教育の流れの中で、文法の位置づけも変わってきているように思います。

しかし、基礎の枠組みとしての文法をきちんと把握することは、日本語の運用にとって非常に重要です。また、相手との位置関係、使用場面にふさわしい日本語を意識することもとても大切だと考えます。

以上の点から、本書の見本文では下の表のような多様なタイプの設定をしました。その中でも語彙については生活上汎用性のあるもの、使用頻度の高いものを使うようにしています。

章	タイトル	見本文のタイプ
1	スタッフ募集のお知らせ	お知らせを読む
2	転任のあいさつ	スピーチをする
3	ホテルの仕事	説明を聞く
4	台風情報	ニュースを聞く
5	就職活動	友達同士の会話
6	苦労した5年間	友達同士の会話
7	オオカミと生態系	論説文を読む
8	取引先で	ビジネス場面の会話
9	食べ放題	友達同士の会話
10	満員電車	エッセーを読む
11	ラーメンの紹介	記事を読む
12	ウォーキングシューズの開発	ビジネス場面の会話
13	人生の転機	ストーリーを読む
14	オリンピック	社説を読む

本校での実践の中でも見本文の効果は大きく、ことさら説明をしなくても、イメージで感じ取ってもらえると言われています。本書を使ってご指導される先生方にも、ぜひ学習者の方とともに見本文のストーリーを感じていただきたく存じます。

本書につきまして、何かご意見などございましたら、どうぞお寄せくださいますよう、お願い申し上げます。

もくじ 목차

はじめに	머리말	3
この本をお使いになる皆さんへ	이 책을 사용하시는 여러분께	4
この本をお使いになる先生方へ	이 책을 활용하시는 선생님께	10

1 お知らせを読む 안내문을 읽다
スタッフ募集のお知らせ　　스태프 모집 안내

1	オープンにつき	19
2	国籍を問わず	19
3	N2レベル以上の方に限り	20
4	経験年数に応じ	21
5	採否にかかわらず	22
6	当店において	23
7	面接の際に　➕Plus ～に際して	24
8	履歴書持参のこと	25
	まとめの問題	27

2 スピーチをする 스피치를 하다
転任のあいさつ（1）　　전임 인사(1)

9	入社して以来	30
10	部長をはじめ	31
11	先輩方のご指導のもとで	32
12	仕事の進め方はもとより	33
13	人は失敗から学ぶものだ	34
14	仕事をする上で	34
15	残念ながら	35

2 スピーチをする 스피치를 하다
転任のあいさつ（2）　　전임 인사(2)

16	輸出拡大を目的としたプロジェクト	38
17	この転勤をきっかけに　➕Plus 契機	39
18	やるからには　➕Plus ～以上は	
	➕Plus ～上は	40
19	なくなるというわけではありません	42
20	これまでと変わることなく	43
21	雨にもかかわらず	44
	まとめの問題	46

3 ホテルの仕事 　説明を聞く　설명을 듣다
호텔의 일

22	スタッフ**としての**心構え	51
23	仕事を続ける**限り**	51
24	対応**せざるを得ない**	53
25	謝ればいい**というものではありません**	53
26	正当なものかどうか**はともかくとして**	54
27	信頼を失い**かねません**	55
28	お客様**というより**	56
29	安心**してはいられません**	57
	まとめの問題	59

4 台風情報 　ニュースを聞く　뉴스를 듣다
태풍 정보

30	速度を速め**つつ**	63
31	広範囲**にわたって**	63
32	九州沿岸**から**四国**にかけて**	64
33	台風の接近**にともない**	65
34	雨が降る**おそれがあります**	66
35	強風**とともに**	66
36	中継がつながり**次第**	67
	まとめの問題	69

5 就職活動（1） 　友達同士の会話　친구와의 대화
취업 활동(1)

37	京都に行った**きり**	72
38	旅行**どころじゃない**	74
39	情報は集めている**ものの**	74
40	困った**ことに**	75
41	人気の業界**にしては**	76
42	何回書いた**ことか**	76

5 就職活動（2） 　友達同士の会話　친구와의 대화
취업 활동(2)

43	やる気**さえあれば**	78
44	がんばり**ようがない**	79
45	苦労した**あげく**	80
46	そんなこと考える**もんじゃない**	81
47	出すだけ出してみる	81
	まとめの問題	83

6 苦労した５年間（1）
友達同士の会話　친구와의 대화
고생한 5년(1)

48	経験がなかった**ばかりに**	86
49	あきらめる**ことはない**	87
50	同期の人に**比べて**	88
51	負ける**ものか**	89
52	それが上司**というものよ**	90

6 苦労した５年間（2）
友達同士の会話　친구와의 대화
고생한 5년(2)

53	ぼくのことを思え**ばこそ**	92
54	わから**ないことはなかった**	93
55	がんばれる**だけ**がんばろう	94
56	努力してたん**だもん**	95
57	失敗する**わけにはいかない**	96
58	自分を信じて進む**のみだ**	97
59	スターになった**つもりで**	98

まとめの問題　　　　100

7 オオカミと生態系（1）
論説文を読む　논설문을 읽다
늑대와 생태계(1)

60	人間の立場**から見ると**　＋Plus ～からいうと／～からいえば／～からいって　＋Plus ～からすると／～からすれば／～からして	103
61	その**一方で**	105
62	絶滅した**ことから**	106
63	被害を与えた**のみならず**	107
64	ネズミやビーバー**といった**	108
65	数が増える**にしたがって**　＋Plus ～につれて／～につれ	108

7 オオカミと生態系（2）
論説文を読む　논설문을 읽다
늑대와 생태계(2)

66	回復させ**得る**	112
67	期待に**反して**	112
68	連れてくる**ことに関して**	113
69	成果が期待される**反面**	114
70	理論**上**は	114
71	増加**しつつある**	115
72	アメリカに**限らず**	116

まとめの問題　　　　118

8 取引先で
ビジネス場面の会話　비즈니스 상황 속의 대화
거래처에서

73	佐々木様がお見えになりました	123
74	ご確認願えますでしょうか	124
75	ご説明申し上げたい	125
76	ご連絡いただければと思います	125
77	日程につきましては	126

まとめの問題 … 128

9 食べ放題 (1)
友達同士の会話　친구와의 대화
무한리필 (1)

78	メニューが多いのなんのって	131
79	できたて	132
80	小林君ったら　＋Plus ～ってば	133
81	変わるようになっている	133
82	食べられなかったわけだ	134
83	たくさん食べるどころか	135
84	そんなことも知らないようじゃ	136

9 食べ放題 (2)
友達同士の会話　친구와의 대화
무한리필 (2)

85	上品ぶってもしょうがない	139
86	初心者に限って	139
87	食べ続けることだよ	140
88	食べ放題という食べ放題	140
89	罰金を払わされるところだった	141
90	罰金払うくらいなら	142
91	がんばったほうがずっとましだ	143

まとめの問題 … 145

10 満員電車 (1)
エッセーを読　에세이를 읽다
만원 전철 (1)

92	つらいものがある	148
93	ストレスを感じない人はいるまい	149
94	乗客を見るにつけ	150
95	混んでいるわりには	151

10 エッセーを読 에세이를 읽다
満員電車（2）　　　　　　　　　　만원 전철(2)

96	立つか立たないかのうちに	153
97	楽しげにおしゃべりしている	154
98	くやしいやらうらやましいやら	155
99	乗客が降りたかと思うと	155

まとめの問題 … 157

11 記事を読む 기사를 읽다
ラーメンの紹介　　　　　　　　　　라면 소개

100	日本料理にほかならない	161
101	空腹を満たすものにすぎなかった	161
102	工夫ができる上に	162
103	ラーメンといっても	163
104	ラーメンはしょうゆに限る	164
105	人気店だけあって	165
106	スープにしろ具にしろ	166

まとめの問題 … 169

12 ビジネス場面の会話 비즈니스 상황 속의 대화
ウォーキングシューズの開発（1）　　워킹슈즈의 개발(1)

107	発売されるとか	172
108	業界の流れにそって	174
109	ウォーキングシューズにかけては	174
110	開発しないことには	175
111	歩きやすさを重視しがちです	176
112	ほしいと思いつつも	177

12 ビジネス場面の会話 비즈니스 상황 속의 대화
ウォーキングシューズの開発（2）　　워킹슈즈의 개발(2)

113	新商品を作るとしたら	179
114	デザイン次第で	180
115	厳しくなる一方です　＋Plus ～ばかり	181
116	開発に先立って	182
117	市場調査をした上で	182
118	社会人の声にこたえた	183

まとめの問題 … 185

13 ストーリーを読む　스토리를 읽다
人生の転機 (1)　인생의 전환기 (1)

119	昇進の話は**なかったことにする**	189
120	がんばった**つもり**だった	190
121	つらく**てならなかった**	190
122	できる**ものなら**	191
123	行**こうか**行く**まいか**	192
124	迷った**末**	193

13 ストーリーを読む　스토리를 읽다
人生の転機 (2)　인생의 전환기 (2)

125	**たとえ**どんな事情があっ**ても**	196
126	許し**がたい**	196
127	男が止める**のもかまわず**	197
128	恥ずかしさの**あまり**	198
129	気持ち**を込めて**	199
130	荷物運び**もすれば**切符**も売る**	199
131	やり**ぬくぞ**	200

まとめの問題 … 202

14 社説を読む　사설을 읽다
オリンピックの開催について　올림픽 개최에 대해서

132	国を挙げて喜んだ**ものだ**	206
133	開催**をめぐって**	207
134	抗議の声が上がることになる**わけだ**	207
135	オリンピック開催**にあたって**	208
136	資金**に加えて**	209
137	用意された**としても**	209
138	理念**に基づいて**　➕Plus ～をもとに／～をもとにして	210
139	多くの人が賛同し**てこそ**	211

まとめの問題 … 213

문형 색인 … 216
유사 문형 리스트 … 220
N2 Can Do List … 227

별책
정답 & 스크립트

お知らせを読む 안내문을 읽다

スタッフ募集のお知らせ
스태프 모집 안내

できること
- 안내문 등의 문장을 읽을 수 있다.
- 구인 조건을 이해할 수 있다.

본문 해석 보기

🔊 02

サニー　店内スタッフ募集

さいわい駅前店オープンにつき、人材を求めています

仕事 ▶ 開店業務、販売、清掃、商品管理、閉店業務

資格 ▶ 年齢・経験・国籍を問わず、やる気のある方、大歓迎！

＊商品の案内や接客応対があるため、外国人の方は、日本語能力試験N2レベル以上の方に限り、応募可。

給与 ▶ 時給　7時～9時　　　　　　1,000円～
　　　　　　　9時～22時　　　　　　900円
　　　　　　　22時～24時30分　　　1,125円～

＊経験年数に応じ、時給は考慮します。

交通費 ▶ 往復1,000円まで支給

応募 ▶ 当店所定のフォームに記入し、下記のメールアドレスまでお送りください。電話でのお問い合わせは10時～18時。
書類審査の結果は採否にかかわらず、通知します。
書類審査後、当店において面接。
面接の際に、履歴書（写真付き）持参のこと。

サニーグループ東京本部　☎03-1111-2222
　　　　　　　　　　　　http://www.sannie.biz
　　　　　　　　　　　　E-mail boshu@sannie.co.jp

1　オープンにつき ★★

どう使う？

안내문 등에서「雨天につき中止(우천으로 인해 중지)」와 같이 이유를 설명할 때 쓰인다.

N ＋ につき　〜로 (인해), 〜때문에

① 清掃中につき、お足元にご注意ください。
② 会場内は禁煙につき、おたばこはご遠慮ください。
③ 4月15日（木）：佐藤医師、学会出席につき休診。
④ ただ今、改装工事中につき、左記の仮店舗で営業いたしております。

やってみよう！

정답 별책 p.1

1) 10月20日は社員研修につき、　　・　　・a) 階段をご利用ください。
2) キャンペーン期間中につき、　　・　　・b) お早めにお召し上がりください。
3) 生ものにつき、　　・　　・c) 入会金無料。
4) エレベーター点検中につき、　　・　　・d) 臨時休業させていただきます。

☞ p.224 〜につき

2　国籍を問わず ★★★

どう使う？

「〜を問わず(〜을 불문하고)」는 안내문이나 소개문 등에서 '언제・어디・누구든지 상관없다'라는 뉘앙스를 설명할 때 쓰인다.

N ＋ を問わず　〜을 불문하고

＊「昼夜(주야)・国の内外(나라 안팎)・男女(남녀)・〜の有無(〜의 유무)」등의 단어와 함께 사용한다.

① このスポーツセンターは、年齢を問わず、どなたでも利用できます。
② このスーパーは昼夜を問わず、営業しているので、深夜も働く人にとってありがたい。
③ 経験の有無を問わず、やる気のある社員を募集します。

④ 私の国では、老若男女を問わず、みんな、サッカーが好きだ。

やってみよう！

정답 별책 P.1

1) 来週の国際交流会は、国籍、職業
（a. ばかりでなく　b. に対して　c. を問わず）どなたでも参加できます。
2) 通信販売センターでは昼間（a. はもちろん　b. によって　c. を問わず）夜も10時まで受け付けています。
3) 季節（a. について　b. というと　c. を問わず）この山に登る人は多い。
4) 日本のアニメは（a. 国の内外　b. 海外　c. 外国）を問わず、人気がある。

동사「問う(묻다)」의 부정형으로서 문장 끝에 사용하여 '~은 상관없다'라는 의미로 사용한다.
　この仕事に関心のある方なら、学歴・経験は問いません。

3　N2レベル以上の方に限り　★★

どう使う？

「～に限り(～に限하여)」는 '~만, ~만은 특히'라는 의미로 안내문 등에 주로 쓰인다.

N ＋ [に限り　～에 한해(서)
　　　 に限る　～에 한하다]

① 本日に限り、通常価格100グラム1,500円の牛肉を半額でご提供いたしております。
② このコーナーのバッグに限り、全品3,000円。
③ 当動物園は夏休み期間に限り、夜9時まで開園しております。
④ 初めてのお客様に限り、無料お試しセットをお申し込みいただけます。
⑤ 工場の見学は予約された方に限ります。

やってみよう！

정답 별책 P.1

1) 小学生以下のお子様（a．に限り　b．にとって）ジュースをプレゼント。
2) 子ども（a．に限り　b．にとって）周囲の人の愛情は何よりも大切です。
3) お一人様1回（a．に限り　b．につき）レッスンを無料で体験できます。
4) お申し込みの時期（a．に限り　b．によって）、お届け日が変わりますのでご注意ください。
5) 今月末までにお申し込みの方（a．に限り　b．によって）、スポーツバッグをプレゼントいたします。

「 N ＋に限って～ない（~는 아니다）」의 형태로 예상치 못한 나쁜 일이 일어났을 때나 소문 등에 대해 믿을 수 없다고 강하게 부정하고 싶을 때 사용한다.
① うちの子に限って、万引きなんてするはずがありません。
② 彼に限って浮気なんてするはずがない。
③ 彼に限って、そんな単純なミスをするわけがない。
④ にせものを売るなんて、あの店に限って、そんなことは絶対にない。

☞ p.223 ～に限る／限り

4　経験年数に応じ ★★★

どう使う？

「～に応じ…(～에 따라…)」는 희망・변화・지역・상황・연령・능력・경험 등의 조건에 맞춰 뒤의 내용도 변하는 것을 나타낼 때 쓰인다.

N ＋ に応じ　～에 따라, ～에 맞게
　　　に応じて　～에 따라서, ～에 맞게
　　　に応じた ＋ N　～에 따른

① 給料は能力や経験に応じ、決めさせていただきます。
② 新年会はご予算に応じていろいろなコースがございます。
③ 社会人なら、場所や場合に応じた服装を心がけるべきだ。
④ 会社は社員の要望に応じて社員食堂のメニューを増やした。

やってみよう！

정답 별책 p.1

1) 生物は環境（a．に応じて　b．に限って　c．について）その体を変化させてきた。
2) この会社では、給料のほかに仕事の内容
　　（a．にとって　b．に応じて　c．向きに）手当てが支払われます。
3) 習慣は国（a．によって　b．に応じて　c．に対して）違う。
4) 利用額（a．に応じて　b．に限って　c．向きに）、ポイントがつき、次回のお買い物にご利用いただけます。

5　採否にかかわらず ★★

どう使う？

「〜にかかわらず(〜와 상관없이)」는 '날씨・취향・지위・있고 없음・하고 안 함 등의 조건에 관계없이' 라고 말하고 싶을 때 쓰인다.

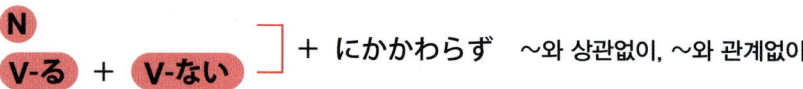

* 「好き嫌い(좋고 싫음)・いい悪い(좋고 나쁨)・善悪(선악)」 등 형용사, 명사 중에서 대립하는 두 개의 단어를 합쳐서 사용되는 경우도 있다.

① 区民センターの利用料金が変更になりました。和室は、人数にかかわらず、2時間 1,000円になります。
② セール品のため、理由のいかんにかかわらず、返品はお受けできません。
③ 会議で発言するしないにかかわらず、自分の意見はまとめておくべきです。
④ 今回の旅行は晴雨にかかわらず、実施します。

やってみよう!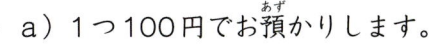

1) 内容がわかるわからないにかかわらず、・　　・a) 1つ100円でお預かりします。

2) お荷物の大小にかかわらず、・　　・b) 寄付をしていただけるとありがたいです。

3) 金額の多少にかかわらず、・　　・c) 1年に1回は点検をすることをおすすめします。

4) 故障の有無にかかわらず、・　　・d) 毎日聞き続ければ、3か月後には必ず効果が表れます。

1)

6　当店において　★★★

どう使う?

「〜において(〜에서)」는「京都において(교토에서)・江戸時代においては(에도시대에는)・生物学における(생물학에 있어서의)」와 같이 일이 행해지는 장소, 시대, 분야를 나타낼 때 사용된다.

N ＋ において　〜에서, 〜에 있어서
　　　における ＋ N　〜에서의, 〜에 있어서의

① 入学式は、3階のホールにおいて行われます。
② 日本だけでなく、ほかの国においても、環境汚染は深刻な問題だ。
③ 彼のようなすばらしい人に出会えたのは人生における最大の幸運だった。
④ 今回の風力発電施設の建設は自然エネルギー開発において大きな意味があると言われている。

④

やってみよう！

1) わが社（a. においても　b. における）留学研修制度が導入された。
2) 私の人生を変えたのは留学生活（a. において　b. における）経験だ。
3) 失業問題は今、世界中で深刻になっているが、日本
　　（a. においては　b. においても）、重要な課題だ。
4) 教室（a. で　b. において）友達と昼ご飯を食べた。

7 面接の際に ★★

どう使う？

「〜際(〜일 때)」는 '〜경우'라는 의미로 설명서나 안내문 등에서 쓰인다. 문장 뒤에 「してください(〜해 주세요)・必要です(필요합니다)・お願いします(부탁합니다)」 등의 표현이 오는 경우가 많다.

V-る ／ V-た
N の
＋ 際（に）　〜일 때, 〜때(에)

① カードを紛失した際はサービスセンターにご連絡ください。
② 入学手続きの際に必要なものは下記の通り。
③ 目上の人と話す際には、言葉だけでなく態度にも気をつけてください。

やってみよう！

1) このファイルを開ける際は、・　　・a) スポーツ大会は屋内で行います。
2) 離着陸の際には、　　　　　・　　・b) パスワードを入力してください。
3) 地震や火災などが発生した際に・　　・c) 身分証明書が必要です。
　　は、
4) 携帯電話のご契約の際は、　・　　・d) シートベルトの着用をお願いします。
5) 雨天の際、　　　　　　　　・　　・e) この非常ボタンを押してください。

+Plus ～に際して ★★

「 N +に際して(~함에 있어서)」의 형태도 있으며, 주의나 사과, 설명 등의 문장에 쓰인다.
① 各種書類の提出に際しては、期限を厳守してください。
② 振り込みに際して、手数料はお客様のご負担となります。
③ 商品発送に際して、一部商品の発送が遅れましたことを深くおわびいたします。

8　履歴書持参のこと ★★

どう使う？

「～こと(～할 것)」는 규칙이나 주의 사항을 설명할 때 사용한다.

V-る ／ V-ない
N の　　　　　　＋ こと　～할 것

① 願書は１月28日必着のこと。窓口での受け付けは行っておりません。
② 寮の台所はきれいに使用すること。
③ 試験中は携帯電話の電源を切ること。筆記用具以外は机の上に置かないこと。
④ 寮のシャワーは夜11時以降、使用しないこと。

やってみよう！　　　　　　　　　　　　　　　　정답 별책 p.1

1) 履歴書の記入は、　　・　　・a) プールサイドでは走らないこと。
2) 危険なので、　　　　・　　・b) きちんと分別すること。
3) 外出するときは、　　・　　・c) 黒のボールペンを使用のこと。
4) ごみを出すときは、　・　　・d) 必ずエアコンを消すこと。

4)

☞ p.221 ～こと

Check 📖

정답 별책 P.1

1) わが社では経験＿＿＿＿＿、広く人材を募集している。
2) カレーの辛さはお客様のご希望＿＿＿＿＿調整いたします。
3) 進学説明会は6月3日に東ホテル＿＿＿＿＿行われます。
4) 毎週日曜日は先着10名様＿＿＿＿＿、無料で忍者体験ができます。

| に限り　　を問わず　　において　　に応じて |

5) お降りの＿＿＿＿＿はバスが止まってから席をお立ちください。
6) 入学後、引っ越しした場合は学生課に住所変更届を提出する＿＿＿＿＿。
7) 今回のコンサートは応募者多数＿＿＿＿＿抽選とさせていただきます。
8) ご出席、ご欠席＿＿＿＿＿、このはがきは必ずご返送ください。

| 際　　こと　　にかかわらず　　につき |

まとめの問題

정답 별책 p.10

問題1 <문법 형식 판단>

次の文の（　　）に入れるのに最もよいものを1・2・3・4から一つ選びなさい。

[1] この体操は体力（　　）、無理のないように行ってください。
　1　に限って　　2　に応じて　　3　にかわり　　4　において

[2] 水泳は子どもからお年寄りまで世代（　　）楽しめるスポーツだと言われている。
　1　ばかりでなく　　2　に限って　　3　を問わず　　4　とおりに

[3] ただ今、こちらの商品（　　）、全国どこでも210円で配送を承ります。
　1　を問わず　　2　の際は　　3　に限り　　4　に応じて

[4] 退職の（　　）に必要な手続きについて、ご説明します。
　1　たび　　2　最中　　3　ところ　　4　際

[5] 奨学金を希望する場合はこの欄に丸印を付ける（　　）。
　1　べき　　2　つもり　　3　こと　　4　はず

[6] 店を経営するなら、家賃や人件費など、売り上げの多い少ない（　　）毎月費用がかかることを考えなければならない。
　1　に応じて　　2　に限り　　3　にかかわらず　　4　につき

問題2 <문장 완성>

次の文の　★　に入る最もよいものを1・2・3・4から一つ選びなさい。

[1] 今回のサミット　____　____　★　____　と首相は語った。

　1　における　　　　　　　　2　である
　3　エネルギー問題　　　　　4　最重要課題は

2	___ ___ ★ ___ 確認しておきましょう。
	1 際に　　2 地震の　　3 避難できる　　4 場所を

3	すばらしい芸術は、いつ ___ ___ ★ ___ 、人々を感動させる。
	1 も　　2 において　　3 時代　　4 の

4	当店では、メーカー ___ ___ ★ ___ いたします。
	1 どんな　　2 下取り　　3 パソコンでも　　4 を問わず

問題3　<글의 문법>

次の文章を読んで、文章全体の内容を考えて、 1 から 5 の中に入る最もよいものを、1・2・3・4から一つ選びなさい。

　　日本で映画を見るのに、通常1,800円ぐらいかかりますが、映画館では、通常料金のほかに、特別なサービスがあります。
　　毎月1日の「映画の日」は、年齢・性別 1 誰でも1,000円です。水曜日は女性 2 、1,000円になる映画館もあります。
　　 3 夫婦のどちらかが50歳以上の場合は、いつでも2人で2,000円です。 4 、チケットを買う 5 は、身分証明書の提示が必要です。
　　そのほか、館内では、毛布やクッションを貸し出すサービスもあります。

1	1 によって　2 に限り　3 を問わず　4 に応じ
2	1 にかわって　2 において　3 に限り　4 を問わず
3	1 ところが　2 また　3 しかし　4 だから
4	1 ただし　2 それに　3 すると　4 そこで
5	1 に応じて　2 際　3 うち　4 に限って

問題4 <청해>

この問題では、まず話を聞いてください。それから二つの質問を聞いて、それぞれ問題用紙の1から4の中から、最もよいものを一つ選んでください。

[1]
1 留学生による英語の教室
2 留学生による料理教室
3 留学生との交流会
4 留学生にお茶を教える会

🔊 03

[2]
1 男の人だけ申し込む
2 女の人だけ申し込む
3 2人とも申し込む
4 2人とも申し込まない

 スピーチをする 스피치를 하다

転任のあいさつ (1)
전임 인사 (1)

できること

● 격식 차린 표현으로 추억담 등을 이야기하고 작별 인사를 할 수 있다.

본문 해석 보기

　皆様、本日は、私のためにこのような会を開いていただき、ありがとうございます。入社して**以来**、この営業部において、部長**をはじめ**先輩方のご指導**のもと**で、営業について一から学ぶことができ、たいへん幸運でした。仕事の進め方**はもとより**、取引先との付き合い方など本当に様々なことを教えていただき、心から感謝いたしております。特に部長の、「人は失敗から学ぶ**ものだ**」という言葉は忘れられません。仕事をする**上で**大切なことを、まだまだたくさん学びたかったのですが、このたび大阪支社勤務を命じられ、残念**ながら**この職場を離れることになりました。

9　入社して以来　★★★

どう使う？

「〜以来(〜한 이후로)」는 과거에 어떠한 일이 일어난 후부터 지금까지 동일한 상태가 지속될 때 쓰인다.

V-て / **N** ＋ 以来　〜한 이후로, 〜한 이래로

① 母が入院して以来、家事はすべて私がしています。
② ３年前の夏休みに帰国して以来、長い間家族に会っていません。
③ こちらに引っ越して以来、散歩を日課にしているんです。

④ 山野君とは卒業以来、まったく連絡が取れない。
⑤ 彼は2000年4月以来、1日も休まず遺伝子の研究を続けている。

やってみよう！

정답 별책 p.1

1) 1990年に来日して以来、（　　　）。
 a．ずっと京都に住んでいます
 b．2000年に帰国しました
2) 彼は3年前にプロの選手になって以来、（　　　）。
 a．1億円の契約金をもらった
 b．今まで以上に食事に気を遣うようになった
3) この村に工場ができて以来、（　　　）。
 a．事故が起きた
 b．人口が増え続けている
4) 子どものとき川に落ちて以来、（　　　）。
 a．水が怖くて今も泳げない
 b．大けがをした

10　部長をはじめ　★★★

どう使う？

「～をはじめ（～을 비롯해）」는 대표적인 예를 제시하고, '～뿐만 아니라 그 외에도 많이'를 말하고 싶을 때 쓰인다.

N ＋ ～をはじめ　～을 비롯해
　　　～をはじめとして　～을 비롯해서
　　　～をはじめとする ＋ N 　～을 비롯한

① 日本には富士山をはじめ、たくさんの美しい山がある。
② アジアには中国をはじめとして、約40の国々がある。
③ 首相をはじめ、多くの政治家が大統領の歓迎会に出席した。
④ 健康のためには食生活をはじめとする生活習慣の見直しが必要です。

やってみよう！

1) この映画専門学校は、校長をはじめ、
2) このスパイスはタイをはじめ、
3) 一人暮らしには電子レンジをはじめ、
4) ジャケットをはじめ、

- a) この春の新作が入荷いたしましたので、ぜひご来店ください。
- b) 様々な電気製品が必要だ。
- c) 多くの著名人が講師をしている。
- d) 東南アジアなどで広く使われている。

3)

11　先輩方のご指導のもとで ★★

どう使う？

「教授のもと(교수 밑에서)」와 같이 '어떠한 큰 영향력이 있는 사람 밑에서'라고 말할 때나, 「協力のもと(협력 하에)」와 같이 '그 조건이나 상황 속에서'라는 의미를 나타내는 표현이다.

N ＋ のもと（で／に）　～아래서, 밑에서, 하에서

① 最近は明るい太陽のもとで、元気に遊ぶ子どもが少なくなった。
② 彼はすばらしい自然環境のもとでこの作品を作り上げた。
③ 子育ては夫婦の協力のもとで行われるべきだ。
④ 合理化の名のもとに多数の従業員が解雇された。

やってみよう！

1) 彼は両親と離れ、＿＿＿＿＿＿のもとで、育てられた。
2) みきは16歳だが、＿＿＿＿＿＿のもとに結婚が認められた。
3) 私はこの会社で、尊敬する＿＿＿＿＿＿のもとで40年間働いてきた。

4）海岸の清掃活動は多くの市民の ＿＿＿＿＿ のもとに行われている。

両親の同意　　祖父母　　協力　　社長

12　仕事の進め方はもとより　★★

どう使う？

「〜はもとより(〜은 물론이고)」는 스피치・프레젠테이션 등에서 '〜은 물론, 〜뿐만 아니라 그 외에도'라고 설명하고 싶을 때 사용한다.

N ＋ はもとより　〜은 물론이고

① この温泉は、日本人はもとより、外国人にもたいへん人気があります。
② 子どもの成長のためには、食事はもとより、睡眠や運動にも気をつけてください。
③ 優秀な人材の確保は中小企業はもとより、大企業にとっても大きな問題です。
④ 犯罪防止はもとより、地域の交通安全も警察の大切な仕事です。

やってみよう！　　정답 별책 P.1

1）すしは日本（a．はもとより　b．においては）いろいろな国で人気がある食べ物です。
2）事前に予約した場合（a．はもとより　b．に限り）無料で参加できます。
3）スペイン語はスペイン（a．はもとより　b．にもかかわらず）南米の国々でも使われています。
4）子どもは家族（a．はもとより　b．のもとで）生活しながら、社会習慣を身につけるべきだ。
5）今後、両国間では経済（a．はもとより　b．のもとで）文化の交流も活発になるだろう。

13　人は失敗から学ぶものだ

どう使う?

「ものだ(〜인 법이다)」는 누구든지 당연하게 생각하고, 절대적으로 타당하다고 생각하는 것을 말할 때 사용한다. 주의나 명령을 나타내기도 한다. 잘난 체하는 느낌이 들기 때문에 손윗사람에게는 사용하지 않는 편이 좋다. 친밀한 사람과의 대화에서는 「もんだ」가 쓰인다.

V-る ／ V-ない ＋ ものだ　〜인 법이다, 〜인 것이다
　　　　　　　　　 もんだ　〜인 법이다, 〜인 것이다

① A：うちの息子は最近口答えばかりして、ちっとも言うことを聞かないんですよ。
　 B：子どもは親に反抗するものですから、それも成長のひとつですよ。
② A：今まで自由に生きてきたけど、最近さびしさを感じるんだ。
　 B：それはそうさ。人は一人では生きられないものだから。
③ 誰でもほめられればやる気になるものですから、新入社員を指導するときはぜひいいところを探してください。
④ 失恋したら、めいっぱいおしゃれをして出かけましょう。おしゃれをすると気分が明るくなるものです。
⑤ さっきのお前の態度は何だ。人が話しているときには、ちゃんと聞くもんだぞ。

☞ p.225 〜もの／もん

14　仕事をする上で

どう使う?

「〜上で…(〜하는데 있어서…)」는 '〜할 때 …이 중요하다/필요하다'를 표현하고 싶을 때 쓴다.

V-る ＋ 上で　〜하는데 있어서, 〜함에 있어

① この本は就職活動をする上での重要なポイントが書かれています。
② 国際関係を考える上で、宗教問題は避けられない。
③ 新店舗を開設する上で、周辺のマーケティング調査は欠かせない。
④ 会社を経営していく上でコストパフォーマンスは重要な課題だ。

やってみよう！

정답 별책 P.2

1) 留学生が生活する上で（　　　）。
   a. 円高は大きな問題だ
   b. 高いものは買わない
2) この講座はボランティア活動をする上で（　　　）。
   a. 難しいです
   b. 必要な知識を学びます
3) 進学先を選ぶ上で（　　　）。
   a. 就職率は重要なポイントだ
   b. この大学は簡単に入れました
4) 日本の農業を理解する上で（　　　）。
   a. 農村に見学に行くつもりだ
   b. 気候や地形に対する理解も必要だ

☞ p.220 ～上／上

15 残念ながら ★★

どう使う？

「～ながら（～이면서도）」는 '～의 상태이지만 그래도'를 나타낼 때 사용하는 표현이다.

V-ます ／ V-ない
いA
なA
N
＋ ながら（も）　　～이면서(도), ～이지만

＊「なA ／ N であり＋ながら」의 형태도 있다.

① 彼とは同じ寮に住んでいながら、ほとんど話をしたことがなかった。
② 留学生たちは、難しい言葉はわからないながら、日本人のボランティアと楽しそうにおしゃべりしている。
③ 彼は若いながらも、立派なプロジェクトリーダーだ。
④ 練習試合ながら、去年の優勝チームに勝ったのは大きな自信になる。
⑤ このICレコーダーは小型でありながら、連続24時間の録音が可能だ。

やってみよう！

1）ぜひ北海道へ行きたいと思いながら、（　　　）。
　　a．何度も行った
　　b．まだ行ったことがない

2）山の頂上がすぐ近くに見えていながら、（　　　）。
　　a．なかなか頂上につかない
　　b．もうすぐ頂上につきそうだ

2）

3）この美術館は小さいながら（　　　）。
　　a．多くのすばらしい作品を展示している
　　b．休日でも入場者は少ない

4）この洗濯機は、旧型ながらとても（　　　）。
　　a．使いにくい
　　b．使いやすい

Check 📖

정답 별책 p.2

1) 当社はチョコレート ＿＿＿＿＿ お菓子の総合メーカーです。
2) このアニメは、子ども ＿＿＿＿＿、大人でも十分楽しめる作品になっている。
3) たまにはゆっくり映画を見たいと思い ＿＿＿＿＿、なかなか時間がとれない。
4) がんの疑いがあるときは専門医 ＿＿＿＿＿ 早期に診断、治療されることをおすすめします。

| ながら　　のもとで　　はもとより　　をはじめとする |

5) 仕事をする ＿＿＿＿＿ いちばん大切なのは報告・連絡・相談だと言われている。
6) ジョギングを始めて ＿＿＿＿＿ 体の調子もいいし、夜もよく寝られるようになった。
7) 誰でも後輩の前ではいいところを見せたい ＿＿＿＿＿。

| ものだ　　上で　　以来 |

2 転任のあいさつ (2)

スピーチをする 스피치를 하다

전임 인사 (2)

できること

● 격식 차린 표현으로 향후의 전망 등을 이야기하고, 감사의 인사를 할 수 있다.

본문 해석 보기

05

　　大阪支社では、アジア各国への輸出拡大**を目的とした**プロジェクトに参加することになりました。この転勤**をきっかけ**に、また新たな挑戦ができることを期待しております。やる**からには**全力でがんばります。

　　入社以来慣れ親しんだこの職場を離れることになりましたが、皆様と一緒に仕事をする機会がなくなるという**わけではありません**。どうぞこれまでと変わる**ことなく**、ご指導よろしくお願いいたします。

　　最後に、本日は雨**にもかかわらず**、このように多くの方々が来てくださったこと、皆様の温かいお心遣いに心から感謝しております。本当にありがとうございました。

16　輸出拡大を目的としたプロジェクト　★★★

どう使う?

「AをBとする(A를 B로 하다)」는「地域交流を目的として(지역 교류를 목적으로)・リーダーを中心に(리더를 중심으로)」와 같이, 'A를 B로 삼다, A가 B이다'를 나타낼 때 사용하는 표현이다. 「として」 대신에 「に」를 쓰는 경우도 있다.

N₁ + を + N₂ + ┌ とした + N　～으로 하는
　　　　　　　　├ とする　　　～으로 하다
　　　　　　　　└ として／に　～로서/로

＊「目的(목적)・中心(중심)・対象(대상)・手本(본보기)・前提(전제)」 등의 단어와 함께 쓰인다.

① 「みどりの会」は環境保護活動を目的とする市民の組織です。
② 今回のシンポジウムは日本の伝統芸能をテーマとして行われます。
③ 今回の話し合いの結果を私たちの総意として社長に伝えることにしましょう。
④ 「子は親の鏡」という言葉があるが、子どもは親を手本として成長していくのであろう。
⑤ わが社ではエンジニアを中心に、安全な車づくりの研究が行われている。
⑥ 結婚を前提に彼女に交際を申し込んだ。

やってみよう！

정답 별책 p.2

1) 企業は利益を上げることを目的（a. として　b. とする）、日々、経済活動を行っている。
2) 大学教授を中心（a. として　b. とする）グループによって、ロボットの研究開発が行われている。
3) 今のアルバイトは2週間の研修に毎日参加することを条件（a. とする　b. に）採用された。
4) A：みんな、キャプテンを中心（a. とした　b. に）一丸となって試合で思い切り力を出せ！
　　B：がんばります。監督、見ていてください。

17　この転勤をきっかけに

どう使う？

「きっかけ(계기)」는 무언가가 시작되거나, 변화했을 때의 그 발단이나 동기를 나타낸다.

① 日本のドラマをきっかけとして、日本文化に関心を持つようになった。
② 小学生の投書がきっかけで、駅前の公園をきれいにしようという活動が始まった。
③ 彼と友人になったのは、入学式で隣に座ったことがきっかけだった。
④ 私が昆虫学者を目指したきっかけは、子どものときに夢中で読んだ『ファーブル昆虫記』です。

> ### ➕ Plus
>
> ## 契機(けいき)
>
> 「きっかけ(계기)」와 비슷한 용법으로, 사회적·역사적으로 큰 사건을 말할 때에는 「契機(계기)」라는 표현을 쓰는 경향이 있다. 뒤에는 플러스적인 의미의 문장이 오는 경우가 많다.
>
> ① 青木氏の社長就任を契機にして、わが社は大きく発展した。
> ② この大学は卒業生がノーベル賞を受賞したことを契機として受験生が増えたと言われている。
> ③ 今回の事件を契機に、地域ぐるみで子どもを犯罪から守ろうということになった。
> ④ この港では、開港100周年を契機に今年1年さまざまな催し物が企画されている。

18　やるからには ★★

どう使う？

「〜からには…(〜한 이상은…)」는 '〜은 이미 결정된 일이기 때문에 당연히…해야 한다/할 작정이다/해라' 등의 강한 감정을 나타낼 때 사용하는 표현이다.

| V-る / V-た | ＋ からには | 〜한 이상은, 어차피 〜한다면 |

＊「〜というからには」「N である＋からには」의 형태도 있다.

① 日本での就職を希望するからには、しっかり企業研究をしておいたほうがいい。
② 冬、山に登るからには、日頃からトレーニングを続ける必要がある。
③ 世界パティシエコンテストに出場するからには、優勝を目指してがんばります。
④ 入学おめでとう。この専門学校に入ったからには、しっかり技術を身につけて、いつか自分の店を持てるようになってください。
⑤ 三つ星レストランというからには、料理もサービスも期待できるはずだと考えるのが自然だ。
⑥ キャプテンであるからにはチーム全体のことを考えるべきだ。

やってみよう！

1) この店で働く（a. からには　b. からといって）扱う商品についてよく勉強しなければならない。
2) 年齢が若い（a. からには　b. からといって）能力が低いと思ってはいけない。
3) インフルエンザはちゃんと（a. 治ったからには　b. 治ってからでなければ）学校へ来てはいけない。
4) 写真家になると（a. 決めたからには　b. 決めてからでなければ）、苦しいことがあっても、認められるまでがんばれ。
5) わざわざ休みを取って旅行に来た（a. からには　b. からといって）、思いっきり楽しんで帰ろうよ。

☞ p.220 ～から

＋ Plus

～以上は ★★

「+以上(は)」의 형태도 '~한 이상(은), ~인 이상(은)'이라는 의미를 가진 표현이다.

① 市長になった以上は、皆様が安心して暮らせる街づくりをすることをお約束します。
② 期日までに間に合わせると約束した以上は、残業してでも終わらせなければならない。
③ 皆さん、本校の学生になった以上は、わが校の伝統を守り、誇りを持って行動してください。
④ プロジェクトのリーダーを引き受けた以上、全力を尽くします。

Plus

～上は ★

「 V +～上は(~한 이상은)」도「～からには・～以上は(~한 이상은)」와 비슷한 표현이다.
① 税金を使って研究を行う上は、社会に役立つ研究をしなければならない。
② かくなる上は裁判で争う以外に道はない。

☞ p.220 ～上／上

19 なくなるというわけではありません ★★★

どう使う？

「～わけではない(~하는 것은 아니다)」는 '~인 상황이나 기분, 이유가 아니다'라고 부정할 때 사용하는 표현이다. 「退院しても病気が治ったわけではない(퇴원해도 병이 다 나은 것은 아니다)」와 같이, 앞서 언급한 생각이나 판단을 부정할 때에 쓴다. 「嫌いなわけではない(싫은 것은 아니다)」처럼 100% 그렇다고 말하고 싶지 않을 때에도 사용할 수 있다.

PI + ┌ わけではない　~하는 것은 아니다, 꼭 ~인 것 만은 아니다
　　 └ わけじゃない　~하는 것은 아니다, 꼭 ~인 것 만은 아니다

[なA だな　N だの]

① 退院しても、病気が完全に治ったわけではありませんから、無理をしないでください。
② 通信販売は便利だが、実際に見て買うわけではないので、品物が届くまでちょっと心配だ。
③ 歌が下手なわけではないが、カラオケで歌うことはほとんどない。
④ あのレストランはおいしいわけでもないのに、いつも混んでいる。

やってみよう！　　　정답 별책 p.2

1) ゲームが好きだが、毎日している（a. わけではない　b. に違いない）。
2) こんなにいい天気だから、雨が降る（a. わけではない　b. わけがない）でしょう。
3) A：彼は優しいから、謝れば許してくれる（a. わけじゃない　b. んじゃない）？
　 B：謝ればいつでも許してもらえる（a. わけじゃない　b. しかない）と思うよ。

☞ p.226 ～わけ

20 これまでと変わることなく

どう使う?

「ことなく(〜하지 않고)」는「休むことなく働き続けている(쉬지 않고 계속해서 일을 하고 있다)」와 같이, 무언가를 하지 않은 상태로 다음 동작이 이어지거나 완료되거나 할 때에 사용하는 표현이다.

V-る + ことなく   〜하지 않고, 〜하는 일 없이

① 今回は優勝することができましたが、これで満足することなく、さらに努力を続けます。これからも、応援よろしくお願いします。
② 彼は一言も文句を言うことなく、重い荷物を運んでいった。
③ その後、彼女は一度もふるさとの地を訪れることなく、80年の生涯を終えた。
④ 私たちが乗った新幹線は遅れることなく京都についた。

やってみよう！

정답 별책 p.2

1) 雨はほとんどやむことなく、(　　　)。
　　a．5日間降り続いた
　　b．川の水があふれた
2) 祖母は今年75歳ですが、病気をすることなく (　　　)。
　　a．大きなけがをした
　　b．元気に暮らしている
3) 世界中で生産される食料の約3分の1が食べられることなく、(　　　)。
　　a．捨てられているということだ
　　b．おなかがすいているということだ
4) 中学時代に出会った親友との友情は、20年間変わることなく、(　　　)。
　　a．もう終わってしまった
　　b．続いている

☞ p.221 〜こと

21 雨にもかかわらず ★★★

どう使う?

「〜にもかかわらず(〜임에도 불구하고)」는 「〜なのに(〜인데)」의 의미로, 어떤 조건이나 상황이 예상과는 다르다고 표현할 때 사용한다.

V-て いる
V-た   ┐
N   ┘ + にもかかわらず 〜임에도 불구하고

* 「なA／N である+にもかかわらず」「いA +にもかかわらず」의 형태도 있다.

① 彼の努力にもかかわらず、業績はよくならなかった。
② 多くの家庭で収入が減少しているにもかかわらず、貯金額は増加している。
③ 授業中にもかかわらず、学生はおしゃべりしたり、携帯電話でメールしたりしている。
④ 妻は真実を語らなかった。それにもかかわらず、夫は自分の死が近いことを知っていた。
⑤ このスケジュール管理のソフトはフリーソフトであるにもかかわらず、優れた機能を持っている。
⑥ この化粧品は値段が高いにもかかわらず、3か月で45万本も売れたそうだ。

③

やってみよう!

정답 별책 p.2

1) 彼は高熱（a. にもかかわらず　b. において）休まずに働き続けた。
2) このテーマパークは天候（a. にもかかわらず　b. にかかわらず）お楽しみいただけます。
3) 悪天候（a. にもかかわらず　b. に限り）マラソン大会は予定通り行われた。
4) 学校の規則で禁止されている（a. にもかかわらず　b. からといって）、彼はバイクで通学している。
5) 彼は子どものころからサッカー（a. にもかかわらず　b. はもちろん）スポーツは何でも得意だった。

☞ p.223 〜にかかわらず

Check 📖

정답 별책 P.2

1) 難しい仕事でも引き受けた＿＿＿＿＿＿、がんばってやるしかないだろう。

2) 現在、強風のため、首都圏を中心＿＿＿＿＿＿、JR各線にダイヤの乱れが出ています。

3) 最近では大学に足を運ぶ＿＿＿＿＿＿、オンライン講座で学士の資格を得ることも可能だ。

4) 忙しいと言っても、食事をする時間がない＿＿＿＿＿＿。

5) 彼女は、けがが完全に治っていない＿＿＿＿＿＿、試合に出場すると言った。

6) 今回の入院を＿＿＿＿＿＿に、これからは1年に1回必ず健康診断を受けようと思った。

> からには　　ことなく　　にもかかわらず　　わけではない
> として　　きっかけ

まとめの問題

정답 별책 p.10

問題1 <문법 형식 판단>

次の文の（　）に入れるのに最もよいものを1・2・3・4から一つ選びなさい。

1　うちのチームは、何度もシュートを（　　）、得点することができなかった。
　1　試みながらも　　　　　　2　試みて以来
　3　試みたからといって　　　4　試みることなく

2　私は今の仕事が不満な（　　）けど、もっとおもしろい仕事がしたいと思う。
　1　つもりだ　　2　ようだ　　3　はずがない　　4　わけじゃない

3　ABKハウジングは東京（　　）、関東地方の不動産を取り扱っております。
　1　くらい　　2　を目的に　　3　をはじめ　　4　のもとで

4　「独立すると言って会社を辞める（　　）、どんなに大変でもがんばれ」と部長に言われた。
　1　ことなく　　2　からには　　3　ように　　4　おかげで

5　高橋さんは子どもが生まれたの（　　）、たばこをやめる決心をしたんだそうです。
　1　はもとより　　　　　　2　をきっかけに
　3　をはじめとして　　　　4　を中心として

6　この町は大学（　　）、若者向けの商店やアパートが集まっている。
　1　を問わず　　　　　2　を通じて
　3　を中心として　　　4　をもととして

7　あきらめる（　　）、努力を続ければ、必ず成果は表れると信じている。
　1　ことなく　　2　からには　　3　ものだから　　4　とおり

| 8 | 警備を強化した（　　　）、3億円のダイヤが盗まれ、警備が適切だったか問題になっている。

  1　ほうが **2**　からには **3**　ことなく **4**　にもかかわらず

問題2　<문장 완성>

次の文の　★　に入る最もよいものを1・2・3・4から一つ選びなさい。

| 1 | インターンシップには、参加したほうが就職に有利だと言われるが、＿＿＿＿ ＿＿＿＿ ★ ＿＿＿＿ わけではない。

  1　内定が **2**　もらえる **3**　という **4**　参加すれば

| 2 | 数年前に命にかかわるような ＿＿＿＿ ＿＿＿＿ ★ ＿＿＿＿ 注意するようになった。

  1　以来 **2**　大病を **3**　健康に **4**　して

| 3 | 新製品の ＿＿＿＿ ＿＿＿＿ ★ ＿＿＿＿ アンケート結果は重要な資料になるだろう。

  1　上で **2**　この **3**　考える **4**　宣伝方法を

| 4 | 宇宙飛行士を ＿＿＿＿ ＿＿＿＿ ★ ＿＿＿＿、判断力や問題解決能力もきたえておかなければならない。

  1　体力 **2**　はもとより **3**　からには **4**　目指す

2 転任のあいさつ

問題3 <독해>

次の文章を読んで問題に答えなさい。後の問いに対する答えとして最もよいものを、1・2・3・4から一つ選びなさい。

> 皆様、本日は私たちABK大学駅伝部のためにお集まりいただき、ありがとうございます。
>
> わが駅伝部は箱根駅伝※出場を目指して、1日も休むことなく練習に励んできました。他大学の選手と比べて、努力が足りなかったわけではないと思いますが、残念ながらこれまでわが校が箱根駅伝の出場権を得ることはありませんでした。でも、今年、私にとっては大学生活最後の年に、ついに夢を実現することができました。今回の出場をきっかけとして、駅伝部は大きく成長できると期待しています。
>
> コーチをはじめ、これまで応援してくださった方のためにも、選手一同、精一杯がんばるつもりです。皆様、応援どうぞよろしくお願いいたします。

※箱根駅伝: 도쿄와 하코네 간 왕복 대학 역전 경주
　　　　　도쿄에서 하코네까지 10명의 선수가 왕복으로 교대하면서 달리는 전통적인 대학 대항전이다.
　　　　　매년 1월 2일과 3일에 열린다.

1 ABK大学駅伝部について正しいものはどれですか。

1. 初めて箱根駅伝に出場し、精一杯がんばった。
2. 初めて箱根駅伝に出場できることになった。
3. 駅伝部は箱根駅伝に出場して、大きく成長した。
4. 箱根駅伝に出場するという夢を実現したいと思っている。

2 この会で、誰が誰に話していますか。

1. 選手がコーチに話している。
2. コーチが選手に話している。
3. コーチが会の参加者に話している。
4. 選手が会の参加者に話している。

問題4 <청해>

1 この問題では、問題用紙に何も印刷されていません。この問題は、全体としてどんな内容かを聞く問題です。話の前に質問はありません。まず話を聞いてください。それから、質問と選択肢を聞いて、1から4の中から、最もよいものを一つ選んでください。

| 1 | **1 2 3 4** | 🔊 06 |

| 2 | **1 2 3 4** | 🔊 07 |

2 この問題では、問題用紙に何も印刷されていません。まず、文を聞いてください。それから、それに対する返事を聞いて、1から3の中から、最もよいものを一つ選んでください。

| 1 | **1 2 3** | 🔊 08 |

| 2 | **1 2 3** | 🔊 09 |

2 転任のあいさつ　49

説明を聞く 설명을 듣다

ホテルの仕事
호텔의 일

できること

● 일 등 사회생활에서의 마음가짐을 듣고 이해할 수 있다.
● 클레임에 대응하는 방법 등에 대한 설명을 듣고 이해할 수 있다.

본문 해석 보기

🔊 10

　今からこのホテルの一員となる皆さんに、ホテルスタッフ**としての**心構えをお話しします。いちばん難しいのは、苦情処理です。皆さん、やりたくないと思うでしょうが、ホテルで仕事を続ける**限り**、お客様からのクレームに対応**せざるを得ない**場面に必ず出合います。お客様が苦情をおっしゃったときは、ただ謝ればいい**というものではありません**。そのクレームが正当なものかどうか**はともかく**として、お客様は不快な気持ちになっていらっしゃるので、対応を間違えるとホテルへの信頼を失い**かねません**。では、どうすればいいのでしょうか。そのときはお客様のお話を聞くことがいちばん大切です。数日間滞在するだけのお客様**というより**、自分の家族だと思って、最後まできちんと聞いてください。
　わがABKホテルは多くのお客様にサービスの質の高さを評価され、愛されてきました。しかし、今後ホテル業界はますます競争が厳しくなりますから、安心し**てはいられません**。これからの時代は、今まで以上によいサービスを追求する必要があります。ホテルのために、お客様のために、力を合わせて、がんばりましょう。

22　スタッフとしての心構え　★★★

どう使う？

「留学生として(유학생으로서)」「旅行用として(여행용으로서)」와 같이, 자격・용도 등을 말할 때 사용한다.

N + として　～로서

① A：来週、出張だって？
　 B：うん。シンガポール支社に部長の代理として行くことになったんだ。
② 入社後は企業人としての自覚を持って行動してください。
③ こちらのかばんはビジネスバッグとしても1泊程度の旅行かばんとしてもお使いいただけますので、たいへん便利です。
④ 当ホテルではお支払いのときにサービス料として10％いただきます。

やってみよう！　정답 별책 p.2

1) 私は＿＿＿＿＿として大学院で経済を研究しながら、週に3回、＿＿＿＿＿として日本人にタイ語を教えている。
2) 以前は＿＿＿＿＿としてこの店に来ていたが、今は＿＿＿＿＿として働いている。
3) ピアニストになるつもりはないが、ピアノはこれからも＿＿＿＿＿として続けていこうと思っている。

教師　　客　　研究生　　スタッフ　　趣味

23　仕事を続ける限り　★★★

どう使う？

「～限り…(～하는 한…)」는「ここにいる限り、安全だ(여기에 있는 한 안전하다)」와 같이, '～의 상태인 동안에는 변함없다'라고 말하고 싶을 때 사용한다.

V-る / V-ない / V-ている + 限り(かぎ)　～하는 한

* 「**なA** な+限り(かぎ)」가 사용되는 경우도 있다.

① 高齢者(こうれいしゃ)でも、働(はたら)ける限(かぎ)りは働きたいと思っている人が多い。
② 練習(れんしゅう)のやり方を変(か)えない限(かぎ)り、優勝(ゆうしょう)は無理(むり)だとコーチに言われた。
③ 仕事をしている限(かぎ)り、嫌(いや)なこともももちろんあるが、そこから学(まな)ぶことも多い。
④ 母は「体(からだ)が丈夫(じょうぶ)な限(かぎ)り、一人暮(ひとりぐ)らしを続(つづ)ける」と私に言った。

やってみよう！
정답 별책 p.2

1) すべての書類(しょるい)が（a．そろう　b．そろわない）限(かぎ)り、申請(しんせい)は受け付けないと入管(にゅうかん)で言われた。
2) この店で店長を（a．している　b．していない）限(かぎ)り、土日(どにち)は休めない。
3) 大きなミスを（a．する　b．しない）限(かぎ)り、日本チームにも勝(か)つチャンスは十分にあります。
4) 社長が同意(どうい)（a．する　b．しない）限(かぎ)り、どんな計画(けいかく)も実行(じっこう)に移(うつ)せない。

「限(かぎ)りでは(~하는 바로는)」는 「見た(본)・聞いた(들은)・調べた(조사한)・知っている(알고 있는)」 등의 동사에 접속하여, 그 범위에 한해서 알고 있는 것을 말할 때 사용한다.
① 私が知っている限(かぎ)りでは、電気製品(でんきせいひん)はこの店がいちばん安いです。
② 調べた限(かぎ)りでは、日本語を勉強するにはこの学校がいちばんいい。
③ 同僚(どうりょう)から聞いた限(かぎ)りでは、今度の部長は仕事に厳(きび)しいらしいよ。

☞ p.223 ～に限(かぎ)る／限(かぎ)り

24 対応せざるを得ない

どう使う?

「~ざるを得ない(~할 수밖에 없다)」는 어떠한 상황에서 '싫지만 ~해야 한다/할 수밖에 없다'라고 말하고 싶을 때 사용한다.

V-ない + ざるを得ない　~할 수밖에 없다, ~해야 한다

* 「する」→「せざるをない」

① 台風接近のため、野外コンサートは中止せざるを得なくなった。
② 会社からの転勤命令には従わざるを得ないと考える人が多いらしい。
③ 日本は食料を輸入に頼らざるを得ない状態だ。
④ 首相の発言は国民感情を無視したものと言わざるを得ない。

やってみよう!

정답 별책 P.2

1) 家事は苦手だが、一人暮らしを 始めたら、　　　　　　　・
2) 本校ではバイク通学を認めていましたが、事故が続いたため、・
3) 彼は肩を痛めたことで　　　　・
4) 取引先から頼まれたら、　　　・

・a) プロ野球選手になる夢をあきらめざるを得なかった。
・b) 無理な注文でも受けざるを得ない。
・c) 全部自分でやらざるを得ない。
・d) 禁止せざるを得なくなりました。

☞ p.220 ~得る/得る

25 謝ればいいというものではありません

どう使う?

일반적으로 당연하다고 생각되는 일도 절대적으로 그렇다고는 할 수 없다고 말하고 싶을 때 사용하는 표현이다.

PI + ┌ というものではない　반드시 ~라고는 할 수 없다, ~인 것은 아니다
　　　└ というものでもない　반드시 ~라고도 할 수 없다, ~인 것도 아니다

* 「**なA**/**N**+というものではない」의 형태도 있다.

① 勉強は今日やれば明日やらなくていいというものではない。
② 結婚は愛があればいいというものでもない。
③ 泥棒の被害は鍵をかければ防げるというものではない。
④ 日本での就職には日本語能力試験N1合格が必要だと思われているが、なければだめだというものでもない。

やってみよう！

정답 별책 p.2

1）山奥の自然に恵まれた友人宅で1週間暮らしてみて、必ずしも都会の便利で快適な生活がいい（a．に決まっている　b．というものではない）ことを知った。

2）昨今の就職難を見ると、資格を取れば、仕事に就ける（a．というものではない　b．はずだ）という気がする。

3）安くすれば客は来る（a．にちがいない　b．というものではない）と思うかもしれませんが、商品に魅力がなければ安くても売れないんです。

4）油絵を習い始めたが、好きならば上手になる（a．わけだ　b．というものではない）とわかった。やっぱり才能がないと、限界を感じる。

☞ p.225 ～もの／もん

26　正当なものかどうかはともかくとして　★★★

どう使う？

「～はともかく（～은 제쳐두고）」는 앞에 제시된 내용에 대해서 지금은 일단 생각하지 말고, 다른 점에 대해 말하고 싶을 때 사용한다.

N ＋ はともかく（として）　～은 제쳐두고, ～은 그렇다 치고

＊「～かどうか」「의문사＋か」「동사＋か」와 함께 쓰는 경우도 있다.

① 今の仕事は、給料はともかく、やりがいがあるいい仕事だと思っています。
② この魚、見た目はともかく、味は最高ですから、ぜひ食べてみてください。
③ 試合の結果はともかくとして、最後まで全力で戦うことができたので満足だ。
④ あの映画は内容はともかくとして、出演者が有名だから話題になっている。
⑤ 昨日見たUFO特集は本当かどうかはともかく、たいへん興味深い番組だった。

やってみよう！

1) 健康のために、忙しいとき（a．はともかく　b．を問わず）、普段はできるだけ食事をゆっくりとったほうがいいですよ。
2) 安いホテルでも、お風呂（a．はともかく　b．を問わず）、シャワーがついていないと困る。
3) 国内外（a．はともかく　b．を問わず）、環境に配慮した製品の開発が行われている。
4) A：初めてケーキを作ってみたんだけど、どう？
　　B：形（a．はともかく　b．を問わず）、味はいいよ。

27　信頼を失いかねません ★★

どう使う？

'지금의 상황에서 판단하면, 나쁜 결과가 예상된다'라고 말하고 싶을 때 사용한다. '객관적으로 보면'이라는 판단의 근거가 들어가 있는 경우가 많다.

V-ます ＋ かねない　～할 지도 모른다, ~할 수도 있다

① 今のような経営方法では、２、３年のうちに倒産しかねない。
② 寝不足で運転したら事故を起こしかねないよ。
③ お年寄りはちょっと転んだだけでも骨折しかねないから、注意が必要だ。
④ 情報管理をきちんとしないと、個人情報を悪用されかねない。

やってみよう！

1) 準備運動もしないで、急に激しい運動をしたら、　・　　・a) 詐欺にあいかねない。

2) インターネットショッピングは気をつけないと、　・　　・b) けがをしかねないよ。

3) 風邪をひいているのに無理したら　・　　・c) クラス中の人に話しかねないよ。

4) 伊藤さんに秘密を話したりしたら、　・　　・d) 悪化しかねないから、会社休んだほうがいいよ。

28　お客様というより　★★★

どう使う？

「AというよりB(A라기 보다B)」는「涼しいというより寒い(시원하기 보다 춥다)」와 같이 'A라고 하기 보다 B라고 하는 편이 적절하다'라고 표현하고 싶을 때 사용한다.

PI ＋ というより　～라기 보다, ～라고 하기 보다
[**なA** だ　**N** だ]

① 姉はぼくより10歳年上で、小さいときからいろいろ世話をしてくれたので、姉というより母親のような存在だ。
② 『星の王子さま』は子ども向けというより、大人のための本だ。
③ この絵は絵というより、まるで写真のようだ。
④ この町は昔はにぎわっていたが、今は訪れる人も少なく、静かというよりさびしい町になってしまった感じがする。

やってみよう！

정답 별책 p.3

1) 在庫がないので、今注文しても届くのは3か月後だ ＿＿＿＿＿＿。
2) 日本料理で有名なもの ＿＿＿＿＿＿、てんぷらでしょう。
3) 彼女は歌手としてデビューしたが、最近はドラマの仕事が増えて、
　 歌手 ＿＿＿＿＿＿ 女優として活躍しています。
4) 顔がよければ、俳優になれる ＿＿＿＿＿＿。

| というものではない　　というより　　ということだ　　といえば |

29 安心してはいられません ★★★

どう使う?

「〜てはいられない(〜하고 있을 수만은 없다)」는 '〜인 상태를 지속할 수 없다, 〜할 수 있는 상태가 아니다'라고 표현하고 싶을 때 사용한다. 「仕事があるから寝てはいられない(일이 있어서 잠을 자고 있을 수만은 없다)」는 자고 있는 상태에서 어쩔 수 없이 일어나 일을 해야 한다는 의미와 지금 바쁜 상황이라 잠을 잘 수 없다는 뉘앙스가 담겨 있다.

V-て + はいられない 〜하고 있을 수 만은 없다
V-て + ちゃいられない 〜하고 있을 수 만은 없다

* て형이 「〜で」일 때는 「**V** +じゃいられない」가 된다.
* 「**N** +ではいられない」의 형태도 있다.

① A：ちょっと休んだほうがいいですよ。
　 B：この仕事を明日までに仕上げなきゃならないので、のんびり休んではいられないんですよ。
② 新入社員が入って、君たちも先輩になるのですから、いつまでも甘えてはいられませんよ。
③ A：朝ご飯、ちゃんと食べてから行きなさい。
　 B：遅刻しちゃうよ。ご飯なんか食べていられないよ。
④ いつまでも夢見る少女じゃいられないよね、私たち。

やってみよう！

정답 별책 P.3

1) A：アルバイト、2つもやっているの？
　 B：いつまでも親に（a. 頼ってはいられない　b. 頼らざるを得ない）からね。
　　　大学院の学費は自分で出さないと。
2) A：伊藤さん、まだ来ませんね。
　 B：これ以上（a. 待っているというものだ　b. 待ってはいられない）よ。
　　　先に行こう。
3) A：店長、仕事中に寝ないでくださいよ。
　 B：（a. 寝ているわけじゃない　b. 寝てはいられない）よ。考えているんだよ。

Check 📖

정답 별책 P.3

1) 材料費が上がっているので、うちのパンやケーキも値上げせ____んです。

2) そんな大変な仕事を頼んだら、会社を辞めると言い____よ。

3) 作文はたくさん書けばいい____。考えをまとめて、意味のある内容にすることが大切です。

4) A：仕事、探しているんだって？
   B：うん、もう30歳だし、いつまでも夢を追いかけ____からね。

てはいられない　かねない　ざるを得ない　というものではありません

5) 明後日は卒業試験です。特別な事情がない____、遅刻、欠席は認めません。

6) この店は、味____、値段が安いし、量も多いので、大学生に人気がある。

7) プロ____恥ずかしくない成績が残せるよう、がんばります。

8) 一口サイズのおにぎりなんて、食事____おやつだよ。

として　　というより　　はともかく　　限り

まとめの問題

問題 1 <문법 형식 판단>

次の文の（　）に入れるのに最もよいものを1・2・3・4から一つ選びなさい。

1 歴史ある建物だが、古くなって危険なので（　　）。
1　壊してしょうがない　　　2　壊さないはずだ
3　壊しっこない　　　　　　4　壊さざるを得ない

2 テレビ番組は内容によっては、若者に悪い影響を（　　）。
1　与えざるを得ない　　　　2　与えかねない
3　与えないところだ　　　　4　与えっこない

3 バイオリンは弾く（　　）歌うような感覚が大事です。なぜなら、バイオリンの音色は人の声に近いと言われていますから。
1　として　　2　といえば　　3　というより　　4　というと

4 この靴はデザイン（　　）たいへん歩きやすいので気に入っています。
1　として　　2　について　　3　によって　　4　はともかく

5 仕事は長い時間働けばいい（　　）。時間をかけないで効率よく進めることを考える必要がある。
1　に限る　　　　　　　　　2　ということだ
3　というものではない　　　4　に決まっている

6 どんな仕事でも自分でやってみない（　　）その大変さはわからないだろう。
1　として　　2　限り　　3　際　　4　というより

7 本日はグラフィックデザイナー（　　）ご活躍の渡辺たかしさんにお話を伺いたいと思います。
1　として　　2　を問わず　　3　をはじめ　　4　はもとより

| 8 | A：部長、パソコンの本、ずいぶん熱心に読んでますね。
B：うん。パソコンが使えなかったら何もできないんだから、できないと（　　　）からね。

1　言うというものではない　　　2　言いかねない
3　言わざるを得ない　　　　　　4　言ってはいられない

問題2　<문장 완성>

次の文の　★　に入る最もよいものを1・2・3・4から一つ選びなさい。

| 1 | A：Bさん、お酒、好きだよね。週に3回は飲みに行っているんじゃない？
B：そうじゃないのよ。＿＿＿　＿＿＿　★　＿＿＿　好きなのよ。

1　雰囲気が　　2　というより　　3　好き　　4　お酒が

| 2 | A：新しいアルバイト、ちゃんとやってる？
B：もちろんだよ。まじめに　＿＿＿　＿＿＿　★　＿＿＿　からね。

1　クビに　　2　やらないと　　3　かねない　　4　され

| 3 | A：先生、無理です。そんなのできません。
B：＿＿＿　＿＿＿　★　＿＿＿　ことが大切です。がんばってね。

1　やってみる　　2　かどうか　　3　できる　　4　はともかく

問題3　<글의 문법>

次の文章を読んで、文章全体の内容を考えて、　1　から　5　の中に入る最もよいものを、1・2・3・4から一つ選びなさい。

　　会社に勤めている　1　、前の晩どんなに遅く帰宅しても、翌朝はいつも通り9時に　2　のが日本のサラリーマンだ。午前中　3　午後2時を過ぎると、人間の体のリズムから自然に眠くなる。
　　そうなったら、事故や仕事のミスを生み　4　。睡眠不足は、会社が休みの日にたくさん寝れば、解消する　5　。眠くなる時間帯に短い睡眠を取るほうが、眠くなるのを防げると専門家は言う。
　　東京のビルにある「仮眠室」には、多い日には120人も訪れるそうだ。利用者

> の話では、眠気を解消するには、深く眠らないで15分程度軽く寝るのがいいということだ。

| 1 | 1 というのは | 2 限り | 3 においては | 4 というと |

| 2 | 1 出社するというものでもない　2 出社しないはずだ
　　3 出社せざるを得ない　　　　　4 出社しないということだ |

| 3 | 1 にかわって | 2 に限り | 3 を問わず | 4 はともかく |

| 4 | 1 たがる | 2 かねる | 3 かねない | 4 っこない |

| 5 | 1 ことか　　　　　　　　　　　2 というものではない
　　3 ことになっている　　　　　　4 ことにする |

問題4　<청해>

1　この問題では、まず質問を聞いてください。それから話を聞いて、問題用紙の1から4の中から、最もよいものを一つ選んでください。

　　1　東京商事に機械を納入する
　　2　関係書類を持ってくる
　　3　東京商事に電話する
　　4　東京商事へ行く

🔊 11

2　この問題では、問題用紙に何も印刷されていません。まず、文を聞いてください。それから、それに対する返事を聞いて、1から3の中から、最もよいものを一つ選んでください。

1	1　2　3	🔊 12
2	1　2　3	🔊 13
3	1　2　3	🔊 14

3 ホテルの仕事　61

4 ニュースを聞く 뉴스를 듣다
台風情報
태풍 정보

본문 해석 보기

🔊 15

できること

● 일기예보, 태풍 정보 등의 뉴스를 듣고 이해할 수 있다.

次は台風関係のニュースをお伝えします。

非常に強い台風5号は8月1日15時には日本の南海上にあって、1時間におよそ30キロメートルの速さで北東に進んでいます。中心の気圧は945ヘクトパスカル、中心付近の最大瞬間風速は35メートルです。今後台風は速度を速め**つつ**東に進むと予想されます。

現在、沖縄を中心に暴風域に入り、広範囲**にわたって**強い雨が降っています。また、九州沿岸**から**四国**にかけて**波も高くなってきています。

台風の接近**にともない**、九州南部をはじめ各地域に大雨洪水注意報が出されています。これから明日の明け方にかけて、局地的に1時間70ミリの強い雨が降る**おそれがあります**。台風の進路にあたる地域では、強風**とともに**河川の増水にもご注意ください。

なお、暴風域に入った沖縄の様子は中継がつながり**次第**、番組の中でお伝えする予定です。

30　速度を速めつつ ★★

どう使う？

「～つつ(～하면서)」는「～ながら(～하면서)」와 비슷한 용법이며, 문장체적인 딱딱한 표현이다.

V-ます ＋ つつ　～하면서

① クリスマスを前におもちゃ売り場には、喜ぶ子どもの顔を思い浮かべつつ、プレゼントを選ぶお父さんの姿が増えています。
② 転んでけがをした足をかばいつつ走り続け、完走した鈴木選手に、観客から温かい拍手が送られた。
③ この会議では各部署の問題点を検討しつつ、今後の方針を決定していきたいと思います。
④ 趣味の園芸教室で草花の育て方を学びつつ、仲間とのおしゃべりを楽しんでいます。

やってみよう！

정답 별책 p.3

1) このホテルでは美しい景色を　　・　　・a) 近所の人に人形作りを教えている。
　　楽しみつつ、
2) 新しい出会いを期待しつつ、　　・　　・b) ゆっくり温泉につかることができます。
3) 母は家業を手伝いつつ、　　　　・　　・c) 救助を待っていました。
4) 厳しい寒さの中で励まし合い　　・　　・d) パーティーに出かけた。
　　つつ、

☞ p.223 ～つつ

31　広範囲にわたって ★★★

どう使う？

「1週間にわたって雨が降り続いた(일주일에 걸쳐서 계속 비가 내렸다)」「高速道路は50キロにわたってしている(고속도로는 50킬로미터에 걸쳐서 정체되고 있다)」와 같이, 어떠한 일이 시간이나 장소의 넓은 범위에 걸쳐서 이루어진다는 의미로 사용한다.

N ＋ にわたって　～에 걸쳐서
　　　　にわたり　　～에 걸쳐
　　　　にわたる　　＋ **N** ～에 걸친
　　　　にわたった　　　 ～에 걸친

① 台風で電線が切れ、この町は全域にわたって停電した。
② 本日から約2週間にわたって、オリンピックが行われる。
③ 長年にわたる研究が実り、ついに新製品が完成した。
④ 彼は政治・経済・外交など多方面にわたって活躍している。

やってみよう！

정답 별책 P.3

1) 今年の生け花講座は10回（a．にわたり　b．にわたる）市民センターで行われる。
2) 10年間（a．にわたって　b．にわたった）遺跡の調査が昨年終了した。
3) 事故のため、数時間（a．にわたり　b．にわたる）新幹線がストップした。
4) 弟はバイク事故で大けがをしたが、8時間（a．にわたり　b．にわたる）手術が成功して命が助かった。

32　九州沿岸から四国にかけて ★★★

どう使う？

「AからBにかけて(A에서 B에 걸쳐서)」는「今週から来週にかけて雨の日が多い(이번 주부터 다음 주에 걸쳐서 비가 오는 날이 많다)」「渋谷から新宿にかけてたくさんの専門学校がある(시부야에서 신주쿠에 걸쳐서 전문학교가 많이 있다)」와 같이, 'A와 B 두 개의 지점 또는 시점 사이'라는 의미로 시간이나 장소의 대략적인 범위를 말할 때 쓴다.

N₁ ＋ から ＋ **N₂** ＋ にかけて　～에서 ～에 걸쳐서

① 本日、九州から四国地方にかけて、梅雨入りしました。
② この動物はアジアからアフリカにかけて、群れで暮らしている。
③ 12月中旬から年末にかけて、町は買い物客でにぎわう。
④ 今年流行のブラウスは肩から腕にかけてレースがついているのが特徴です。

④

👉 p.224 ～にかけて

やってみよう！

정답 별책 P.3

1) この地方では12月から3月にかけて、・
2) 不況のため、1998年から2002年にかけて、
3) 海で日焼けして首から背中にかけて、・
4) 日本茶は秋田から沖縄にかけて、・

・a) 赤くなってしまった。
・b) 広く栽培されています。
・c) 雪が降り、積雪は3メートルになることもある。
・d) 鉄鋼会社30社が倒産した。

33　台風の接近にともない ★★

どう使う？

「〜にともなう（〜에 따른）」는「道路工事にともなう通行止め（도로 공사에 따른 통행금지）」와 같이, 중심이 되는 일과 동시에 다른 일이 함께 발생한다는 뜻을 나타내는 표현이다. 변화를 나타낼 때에도 사용한다.

N ＋ にともなって　〜에 따라서
　　 にともない　〜에 따라
　　 にともなう ＋ N　〜에 따른

① 本社移転にともなって、最新のコンピューターシステムが導入されることになった。
② 議員の任期満了にともない、総選挙が行われた。
③ 一人暮らしは自由だが、それにともない、責任も生じる。
④ 時代の変化にともなって、人々の考え方も変わってきた。

やってみよう！

정답 별책 P.3

1) 科学の進歩（a. にともなって　b. にともなう）人々の生活も便利になった。
2) 留学（a. にともなって　b. にともなう）ビザの申請はとても複雑だと思う。
3) 気温の上昇（a. にともない　b. にともなう）アイスクリームの売り上げが増加し始めた。
4) 工場などの事業活動（a. にともなって　b. にともなう）出るごみは、市では回収しません。

34　雨が降るおそれがあります ★★

どう使う？

「〜おそれがある(〜할 우려가 있다)는 객관적인 데이터를 바탕으로 위험한 상태가 될 가능성이 높다는 것을 전달할 때 사용한다. 뉴스나 신문, 보고서 등에 사용되는 경우가 많다.

V-る ／ V-ない
N の　　　　　＋ おそれがある　〜할 우려가 있다

① 噴火のおそれがありますので、避難してください。
② この地震による津波のおそれはありません。
③ この化粧品はアレルギーを引き起こすおそれがあるので、販売中止になった。
④ 災害時には携帯電話がつながらないおそれがありますから、別の連絡方法を考えておいてください。
⑤ 夕方から雷が発生し、それにともない局地的に大雨が降るおそれがあります。

やってみよう！

정답 별책 P.3

1) 車を整備しないと、事故を（a．起こす　b．起こさない）おそれがある。
2) さらに大気汚染が進めば、地域住民の健康を（a．害する　b．害さない）おそれがある。
3) 近くに工場が増えたので、川の水が（a．汚れる　b．汚れない）おそれがある。
4) お客様の搭乗が遅れますと、予定通りに出発（a．できる　b．できない）おそれがございますので、早めのご準備をお願いいたします。

35　強風とともに ★★★

どう使う？

「〜とともに…(〜과 함께…)」는 '〜뿐만 아니라'라는 의미를 나타낸다. '〜과 함께 …이 일어난다/발생한다'라고 말할 때나, 변화를 나타낼 때에도 쓰인다.

```
V-る  ┐
      ├ ＋ とともに   ～과 함께
N     ┘
```

① 彼は医療ボランティアとして現地の医師とともに日夜病気の治療を行っている。
② 大雨警報が出ています。洪水とともに、土砂崩れにも十分な注意が必要です。
③ 宅地開発にはそこに住んでいる人々の生活環境を整えるとともに、自然環境を守ることが求められる。
④ 科学技術の進歩とともに、宇宙の謎が明らかになっていくだろう。

やってみよう！

정답 별책 p.3

1) 奈良は古い都であるとともに、　　・　　・a) ネット犯罪が増加している。
2) 私の高校は野球大会で優勝して、写真とともに　　・　　・b) 親子の関係にも変化が生じる。
3) インターネット利用の拡大とともに、・　　・c) 新聞に紹介された。
4) 子どもが成長するとともに、　　・　　・d) 桜の名所でもある。

36　中継がつながり次第　★★★

どう使う？

「～次第…(～하는 대로…)」는 '(지금은 아직 불가능하지만) 어떤 일이 끝나면 바로 하겠다'라는 의미를 나타낸다.

```
V-ます ┐
       ├ ＋ 次第   ～하는 대로, ～하는 즉시
N      ┘
```

① ただ今、全線で運転を見合わせておりますが、情報が入り次第、お伝えいたします。
② サンプルができ次第、お持ちしますので、ぜひご検討ください。
③ ご注文の品が入荷次第、お届けいたしますので、しばらくお待ちください。
④ 現在移動中ですが、現地に到着次第、連絡を入れます。

やってみよう！

1) 花村さんが（a. 来次第　b. 来て以来）、送別会を始めましょう。
2) 花村さんが（a. 来次第　b. 来て以来）、職場の雰囲気が明るくなった。
3) お客様からのご入金が確認（a. でき次第　b. できるとともに）、商品を発送いたします。
4) 当機（a. 出発次第　b. 出発の際）、非常ドアの安全確認のため、出発時刻が大幅に遅れましたことをおわび申し上げます。

☞ p.222　～次第

Check

1) 首都圏の高速道路 ＿＿＿＿＿、昨年10月から1年＿＿＿＿＿調査が行われた。利用状況を見て、環境に配慮し＿＿＿＿＿交通網を整備する＿＿＿＿＿資料として使われる。

| つつ　　にわたって　　ための　　について |

2) 東北地方から関東地方＿＿＿＿＿、大きな地震が発生しました。この地震＿＿＿＿＿、津波が発生する＿＿＿＿＿、気象庁は注意を呼びかけています。詳しい情報が入り＿＿＿＿＿、お伝えします。

| にともない　　にかけて　　おそれがあり　　次第 |

まとめの問題

정답 별책 p.12

問題1 <문법 형식 판단>

次の文の（　）に入れるのに最もよいものを1・2・3・4から一つ選びなさい。

1　今回のタンカーの事故で流出した油が幅5メートル、長さ300メートル（　　）広がり、環境汚染が心配されています。

　1　にともなって　　2　について　　3　にわたって　　4　を中心に

2　みどり市では市民の皆様（　　）環境保護に取り組んでいます。

　1　にともない　　2　とともに　　3　にかけて　　4　次第で

3　絶滅する（　　）動植物の保護に関する条約が新しく作られたそうだ。

　1　かわりに　　2　はずがない　　3　ことがある　　4　おそれがある

4　ブログに新しい写真をアップしたら、先週から今週（　　）、ホームページのアクセス数が急増して驚いた。

　1　にともない　　2　にかけて　　3　にとって　　4　とともに

5　商品の受注が増えたのはいいが、それ（　　）残業が増えて、従業員から不満が出ている。

　1　にともなって　　2　にわたって　　3　にとって　　4　にかけて

6　準備が整い（　　）、始めさせていただきますので、そのまま少々お待ちください。

　1　ながら　　2　そうに　　3　次第　　4　かねないので

7　1年前、私は日本での生活に不安を（　　）、成田行きの飛行機に乗り込んだ。

　1　感じ次第　　　　　　　　2　感じつつ
　3　感じるおそれがあって　　4　感じかねないので

4　台風情報

問題2 <문장 완성>

次の文の ___★___ に入る最もよいものを1・2・3・4から一つ選びなさい。

[1] このサプリメントは _____ _____ ___★___ _____ ので、正しい用法を守ってお使いください。

　　1 健康を　　　　　　　　2 おそれがあります
　　3 害する　　　　　　　　4 飲みすぎると

[2] 救助隊が現場に _____ _____ ___★___ _____ ことになっています。

　　1 開始する　　2 救援活動を　　3 着き　　4 次第

[3] 景気の _____ _____ ___★___ _____ 、わが国の財政も苦しくなっています。

　　1 悪化　　2 減少し　　3 税金収入が　　4 にともなって

問題3 <글의 문법>

次の文章を読んで、文章全体の内容を考えて、[1]から[4]の中に入る最もよいものを、1・2・3・4から一つ選びなさい。

　皆さん、ご入学おめでとうございます。時代の変化[1]、大学も大きく変革を迫られております。わが校でも新しい学部の開設のため、長年[2]議論を重ねてまいりました。そして、いよいよ今年度より新しい学部がスタートします。その第1期生[3]入学された皆さんは、新しく生まれた国際学部[4]大きく成長していくと確信しています。皆さん、どうぞ悔いのない学生生活を送ってください。
----

[1]　1 を問わず　　2 にともない　　3 においては　　4 のもとで

[2]　1 とともに　　2 にともなって　　3 にわたり　　4 につき

[3]　1 に限り　　2 をはじめ　　3 はもとより　　4 として

[4]　1 とともに　　2 はともかく　　3 に応じ　　4 をきっかけに

問題4 <청해>

1 この問題では、まず質問を聞いてください。そのあと、問題用紙の選択肢を読んでください。読む時間があります。それから話を聞いて、問題用紙の1から4の中から、最もよいものを一つ選んでください。

1	1 地震で故障した	2 今、動いていない	🔊 16
	3 安全が確認された	4 運転を再開した	

2	1 雪だけ	2 雪と雷	🔊 17
	3 雪と雷と風	4 雪と雷と風と波	

3	1 東名高速道路で工事をする	2 東名高速道路を通らない	🔊 18
	3 安全に運転する	4 作業を手伝う	

2 この問題では、問題用紙に何も印刷されていません。まず、文を聞いてください。それから、それに対する返事を聞いて、1から3の中から、最もよいものを一つ選んでください。

        1 2 3　　　　　　　　　　　　　　🔊 19

4 台風情報

5 友達同士の会話 친구와의 대화
就職活動 (1)
취업 활동 (1)

できること

● 자신의 곤란한 상황을 친구에게 설명할 수 있다.

본문 해석 보기

🔊 20

渡辺：ねえ、サークルのみんなで旅行に行かない？ 私もアメリカに留学しちゃったら、みんなにも簡単に会えなくなるし…。去年京都に行った**きり**、今年はどこへも行っていないし…。

木山：悪いけど、就職先もまだ決まらないのに、旅行**どころじゃない**よ。

渡辺：そうか…。ゲーム会社に入りたいんだったよね。どう？

木山：うーん。いろいろ情報は集めている**ものの**、なかなか厳しくて…。困った**ことに**この業界、募集はどこも「若干名」なんだよ。

渡辺：へえ。人気の業界**にしては**、求人少ないんだね。

木山：求人があるところは全部応募して、自己ＰＲ何回書いた**ことか**。

---

37 京都に行った**きり** ★★

どう使う？

「〜きり(〜한 채)」는「友人とは2年前に別れたきり、会っていない(친구와는 2년 전에 헤어진 채 못 만나고 있다)」와 같이 '〜을 마지막으로 그 후에도 계속 그 상태가 유지되고 있다'는 의미이다.

V-た + きり   〜한 채, 〜을 끝으로

＊ 구어체에서는「**V-た** + っきり」도 쓰인다.

① 彼は「ごめん」と言ったきり、黙ってしまった。
② 家には2、3回使ったきりの健康器具がいくつもある。
③ あの歌手、何年か前にテレビで見たきりだけど、今どうしているのかなあ。
④ ステーキなんて、半年前に食べたっきりだよ。
⑤ うちの犬は体がすっかり弱って、毎日ほとんど寝たきりだ

②

やってみよう！

정답 별책 p.3

1) うっかり眼鏡をかけた（a. まま　b. きり）顔を洗ってしまった。
2) 忙しくて、朝コーヒーを飲んだ（a. まま　b. きり）で、夕方まで何も食べられなかった。
3) 電車の中で立った（a. まま　b. きり）寝ている人がいるのは日本だけだろうか。
4) いつもDVDで見ているから、映画館なんて3年前に行った（a. まま　b. きり）だ。

---

1 「V-ます+(っ)きり」의 형태로, '한시도 쉬지 않고 계속 그 일만 한다'라고 말하고 싶을 때에도 사용한다.
　① 妻は赤ん坊の世話にかかりっきりなので、掃除や洗濯は私がしています。
　② 佐藤さんは新入社員をつきっきりで指導している。

2 「～だけ(~분/만)」의 의미로「수량 표현 +きり」의 형태로도 사용된다.
　① 女性が1人きりで夜道を歩くのは危険だ。
　② 彼と2人っきりでクリスマスを過ごすのが私の夢なの。
　③ 一度きりの人生だから、悔いのないように生きようと思う。

☞ p.221 ～きる／きり

38 旅行どころじゃない

どう使う?

「〜どころではない(〜할 상황이 아니다)」는 지금은 '〜할 수 있는 상태가 아니어서 불가능하다'라는 자신의 상황을 설명하고 싶을 때 사용하는 표현이다.

N / V-る + どころではない　〜할 상황이 아니다
　　　　　どころじゃない　〜할 상황이 아니다

① A：学校が終わったらカラオケ行かない?
　 B：カラオケどころじゃないよ！　レポート、書かなきゃ。明日締め切りなんだ。
② A：海水浴どうだった？　楽しかった？
　 B：人が多くて、ゆっくり泳ぐどころじゃなかったよ。
③ A：部長、友達が東京に出てくるので、来週1週間休暇をいただきたいんですが…。
　 B：この忙しいときに、お前、休暇どころじゃないだろう。状況を考えてみろ。

やってみよう！
정답 별책 p.3

1) 今日は会社の忘年会だったが、大雪で電車が止まってしまって、
　（a．忘年会　b．会社）どころではなかった。
2) 旅行先でお腹をこわして（a．薬を飲む　b．観光をする）どころではなかった。
3) 大学時代はアルバイトに追われて（a．アルバイト　b．勉強）どころではなかった。

☞ p.223 〜ところ／どころ

39 情報は集めているものの

どう使う?

「〜ものの(〜이기는 하지만)」는「ほしくて買ったものの(갖고 싶어서 사기는 했지만)」와 같이 '〜은 사실이다 하지만'이라는 기분을 강하게 말하고 싶을 때 쓴다. 사실을 강조하기 위해 조사「は」를 사용하는 경우가 많다.

PI ＋ ものの　〜이기는 하지만
[なA だな　N だ]

* 「なA／N で (は) ある ＋ ものの」의 형태도 있다.
* 「〜ている・〜てみる」 등은「〜てはいる」와 같이 조사「は」가 들어가는 경우가 많다.

① 水泳教室に通ってはいるものの、いまだに25メートルしか泳げない。
② この靴、デザインが気に入って買ったものの、履く機会が全然ないんだ。
③ 新しい技術が開発されたとはいうものの、実用化にはまだ時間がかかるだろう。
④ 両国間の関係修復は、困難ではあるものの、改善に向けての努力は必要だ。

やってみよう！

정답 별책 p.3

1) 今年こそ手編みのセーターを絶対完成させると決心したものの、(　　　)。
   a. 編み上げたころには春になっているかもしれない
   b. 春になったらすてきなセーターができそうだ
2) 社長に新製品の開発を命じられたものの、(　　　)。
   a. なかなかいいアイデアが浮かばない
   b. ヒット商品が生まれるかもしれない
3) 私の場合、年間20日の有給休暇が取れることになっているものの、(　　　)。
   a. 海外旅行に行こうと思う
   b. 実際に20日も休んだことはない

☞ p.225 〜もの／もん

40　困ったことに ★

どう使う？

「困ったことにお金がなかった(곤란하게도 돈이 없었다)」와 같이 '돈이 없어서 곤란했다'라는 것을 도치적으로 말함으로써 화자의 기분, 감정을 강하게 나타내고 싶을 때 사용한다.

```
V-た  ┐
いA   │ + ことに　〜하게도
なA な ┘
```

＊「驚いた(놀란)・困った(곤란한)・うれしい(기쁜)・悲しい(슬픈)・不思議な(이상한)・残念な(유감인)・ありがたい(고마운)」 등의 단어와 함께 사용한다.

① ホテルの部屋に入ったら、驚いたことに、バラの花束とホテルマネージャーからの歓迎メッセージがテーブルの上に置いてあった。
② うれしいことに、うちの高校が合唱コンクールで優勝したんですよ。

③ 五色沼は不思議なことに、5つある沼の水の色が全部違うそうだ。
④ 残念なことに、行きつけの美容院が閉店してしまった。

➡ p.221 ～こと

41 人気の業界にしては ★★

どう使う?

「小学1年生にしては背が高い(초등학교 1학년 치고는 키가 크다)와 같이, 「～にしては(～치고는)」는 '～로부터 예상되는 것과는 다르다'라고 말하고 싶을 때 사용한다.

N + にしては　～치고는

* PI [なA だ]의 경우도 있다.

① 今人気のエリナはモデルにしては背が高いほうではない。
② このお弁当は300円にしては量も多いし味もいい。
③ A：そのコート、すてきね。
　　B：30年前に母が着てたのなんだけど、それにしてはデザインも古くないでしょ?
④ そのおすし、初めて作ったにしては上手にできたじゃない。

やってみよう!

정답 별책 p.4

1) 隣のさくらちゃんは、5歳（a. に応じて　b. にしては）絵がうまい。
2) 青木さんは卒業生代表（a. にしては　b. として）校長先生に感謝の言葉を述べた。
3) フレックスタイム制度は自分の希望（a. に応じた　b. にしては）時間帯で働ける制度だ。
4) 今日は日中の最高気温が10度までしか上がらず、3月下旬（a. というより　b. にしては）寒い1日となりそうです。

42 何回書いたことか ★

どう使う?

자신이 지금까지 해 온 일이나 느끼고 있는 것에 대해 감정을 담아서 말할 때 쓰인다.

「どんなに(어찌나)・どれだけ(얼마만큼)・どれほど(얼마나)」 등의 단어와 함께 혼잣말로 쓰는 경우가 많다.

PI + ことか　～했는지, ～했던가
[なA だな　N だ] (×)

＊「なA／N である＋ことか」도 사용되는 경우가 있다.

① 人は私のことを頭がいいと言うけど、この試験に合格するために、どれだけ勉強したことか。私の努力は誰も知らないでしょうね。
② 子どものころ、親の転勤のために親友と別れなければならなくて、どんなに悲しかったことか。
③ 言葉が通じない外国で病気になって、どれほど心細かったことか。あのときの看護師さんには今でも感謝しています。
④ 週末、台風が来そうで心配だ。運動会が中止になったら、楽しみにしている娘がどんなにがっかりすることか。

☞ p.221 ～こと

Check　　　　　　　　　　　　　정답 별책 P.4

1) A：今日、飲みに行かない？
　　B：急に部長に仕事を頼まれちゃって、それ ＿＿＿＿＿＿ よ。
2) 友達にすすめられて新しいサプリメントを試してみた ＿＿＿＿＿＿、あまり効果がなかった。
3) 彼が買った車は中古車 ＿＿＿＿＿＿ ボディもきれいで、エンジンの調子もいい。
4) 困った ＿＿＿＿＿＿、ATMが故障していてお金が下ろせない。
5) A：健康診断、毎年受けてる？
　　B：ううん。5年前に受けた ＿＿＿＿＿＿。
6) 一晩中連絡もしないで、どこへ行ってたの。どんなに心配した ＿＿＿＿＿＿。

　　ことか　　にしては　　どころじゃない　　ことに　　ものの　　きり

5 友達同士の会話 친구와의 대화
就職活動 (2)
취업 활동 (2)

できること
- 자신의 곤란한 상황을 친구에게 설명할 수 있다.
- 친구의 이야기에 공감하고 격려할 수 있다.

🔊 21

渡辺：難しいね。やる気**さえ**あれ**ば**、採用してもらえるというものじゃないだろうし。

木山：そうなんだよ。募集がなければがんばり**ようがない**し…。このままゲーム会社にこだわって、さんざん苦労した**あげく**、どこにも就職できなかったらどうしようって思ったりして…。

渡辺：そんなこと考える**もんじゃない**よ。成功するって信じなきゃ。ゼミの先輩も、絶対だめだと思ったけど出す**だけ**出してみるって言って、結局その会社に入れたんだって。

木山：へえ、そうなんだ。

渡辺：だから、とにかくあきらめないで、最後までがんばろうよ。ね。

43　やる気さえあれば　★★★

どう使う？

「給料さえよければどんな仕事でもいい(급여만 좋다면 어떤 일이라도 괜찮다)」와 같이 「~さえ…ば(~만…하다면)」는 '~만이 필요한 조건이다'라고 말하고 싶을 때 쓴다.

N ＋ さえ ＋ …ば　　～만 …하다면
V-ます ＋ さえ ＋ すれば／しなければ　　～하기만 한다면/～하지만 않으면
なA で ┐
N で ┘ ＋ さえ ＋ あれば／なければ　　～이기만 하다면/～이지만 않으면

① A：レポート終わった？
　B：もう少し。あと、最後のまとめさえ書けば終わりだよ。
② そちらのご都合さえよければ、明日伺わせていただきます。
③ A：あの車、すてきなデザインね。
　B：車なんて走りさえすればいいんだよ。
④ 食べられさえすれば、味は問わないよ。
⑤ 残念だったね、さくらちゃん。転びさえしなければ1位だったのに…。
⑥ 留学生活は大変だけど、健康でさえあればどんな困難も乗り切れると信じてがんばろうと思う。

やってみよう！　　정답 별책 P.4

1）40度の高熱が出さえしなければ、・　　・a）どこの大学の何学部でもかまいません。
2）有名でさえあれば、　　　　　　　・　　・b）入学試験が受けられたのに。
3）ペットさえいれば、　　　　　　　・　　・c）朝ご飯は十分です。
4）ご飯と納豆さえあれば、　　　　　・　　・d）一人暮らしもさびしくない。

☞ p.222 ～さえ

44　がんばりようがない　★★★

どう使う？

「～ようがない(～할 수가 없다)」는 「私も知らないから教えようがない(나도 모르기 때문에 가르쳐 줄 수가 없다)」와 같이 '이유가 있어서 ～할 수가 없다'라고 말하고 싶을 때 사용하는 표현이다. 「どうしようもない(어쩔 수 없다)」라는 표현은 '할 수 있는 일이 아무것도 없다'라는 의미이다.

V-ます ＋ ようがない　　(아무리 해도) ～할 수가 없다, ～할 방법이 없다

① 出張の予定だったが、大雪で飛行機が欠航してしまったので行きようがない。
② A：どうして1週間も連絡してくれなかったの。
　 B：ごめん。携帯電話をなくしちゃって、連絡しようがなかったんだ。
③ タケダ産業に就職したいが新卒の採用がないので、どうしようもない。

やってみよう！

정답 별책 P.4

1) 日本の少数民族について論文を書きたいと思ったが、参考資料が少なすぎて、
　　（a．調べようがない　b．調べきれない）。
2) 新しいオフィスに引っ越ししたが、注文したキャビネットがまだ届かないので、
　　書類を（a．片付けようがない　b．片付けざるを得ない）。
3) A：お酒、お好きですか。
　 B：ええ。でも、ワインだけです。何でも
　　　（a．飲みようがありません　b．飲むわけではありません）。
4) あの山田さんがそんな面倒な仕事を
　　（a．引き受けようがない　b．引き受けるはずがない）。

☞ p.225 〜よう

45　苦労したあげく ★★

どう使う？

오랜 시간이 걸리거나 여러 가지 일로 고생한 후에 어떻게 되었는지 결과를 말하고 싶을 때 사용한다. 결국 좋지 않은 결과가 된 것을 나타내는 경우가 많다.

V-た ＋ あげく（に）　〜한 끝에

① A：お父さん、私、単位落としちゃって、もう一度2年生をやることになっちゃったんだ。
　 B：何？遊びまわったあげくに留年するなんて、何を考えているんだ。
② さっきのお客さん、あれこれ試着したあげく、何も買わずに帰っちゃって…。
③ 3時間以上迷ったあげく、店員に初めにすすめられたパソコンを買うことにした。

やってみよう！

정답 별책 p.4

1) 彼は徹夜でゲームをした（a．あげく　b．ものの）、遅刻して、宿題まで忘れてきた。
2) 社長にはなった（a．あげく　b．ものの）、会長が何でも決めてしまうので、何もできない。
3) 2日休んで、熱は下がった（a．あげく　b．ものの）、まだのどが痛い。
4) 税金を無駄遣いした（a．あげく　b．ものの）、消費税を引き上げるなんて許せない。

46　そんなこと考えるもんじゃない

どう使う？

「～ものではない（～해서는 안 된다）」는 도덕적, 사회적인 상식에 따라 '～해서는 안 된다'라고 주의를 줄 때 사용하는 표현이다.

V-る ＋ ┌ ものではない　～해서는 안 된다
　　　　└ もんじゃない　　～해서는 안 된다

① 楽をしてお金をもうけようなんて考えるもんじゃない。
② 人の悪口を言うもんじゃありません。
③ 社内のことは小さいことでも、部外者に話すものではない。
④ A：どうも、すみませ～ん。
　　B：何、笑ってるんだ！ 謝るときにはへらへら笑うもんじゃない。

☞ p.225　～もの／もん

47　出すだけ出してみる

どう使う？

「～だけ（～만큼）」는 '안 될지 모르겠지만 일단 시험 삼아 해 보겠다'라는 의미이다.

V-る ＋ だけ ＋ V　～만큼（～해 보다）, ～하는 데까지（～해 보다）

① 今から行っても間に合わないかもしれないけど、行くだけ行ってみようよ。

② A：忙しいから、休みなんてもらえないだろうなあ。

　B：今日、課長機嫌がいいから、頼むだけ頼んでみたら？

③ このドレス、すてきだよね。似合わないかもしれないけど、着るだけ着てみようかな。

☞ p.222 ～だけ

Check

정답 별책 p.4

1) わざわざ大学病院へ行ったのに、さんざん待たされた＿＿＿＿＿、診察時間はたった2分だった。

2) A：久しぶりの海外旅行だから、何か忘れていないか心配。

　　B：パスポートとお金＿＿＿＿＿持っていけば、何とかなるよ。

3) A：この機械、直していただけませんか。

　　B：部品がないので、直し＿＿＿＿＿んですよ。

4) しかられるのが怖いからといって、うそをつく＿＿＿＿＿。

5) この奨学金をもらうのは難しいけれど、申し込む＿＿＿＿＿申し込もうと思っているんだ。

| さえ　　あげく　　ものではない　　だけ　　ようがない |

まとめの問題

問題 1 <문법 형식 판단>

次の文の（　）に入れるのに最もよいものを1・2・3・4から一つ選びなさい。

1　彼は、自分のミスで仕事が遅れたのに、あれこれ言い訳した（　　）、結局一言も謝らなかった。

　　1　にしては　　　2　からには　　　3　ことなく　　　4　あげく

2　面接のチャンス（　　）もらえれば、私の熱意が伝えられるのに…。

　　1　ながら　　　2　に限り　　　3　さえ　　　4　を問わず

3　本場のタイ料理を作ってほしいと頼まれたが、材料がないので（　　）。

　　1　作るおそれがある　　　　2　作るわけではない
　　3　作りようがない　　　　　4　作るものだ

4　明日は試験なのに、おなかが痛くて勉強（　　）。

　　1　するどころではない　　　2　するわけではない
　　3　することはない　　　　　4　するものではない

5　ABK社は一流企業（　　）給料が安くてびっくりした。

　　1　にしては　　　2　はもとより　　　3　を問わず　　　4　さえ

6　郊外に新しくできたスーパーに、一度行ってみたいと思っている（　　）、車がないから、行きようがない。

　　1　あげく　　　2　とともに　　　3　にしては　　　4　ものの

7　この本は子どものころ一度読んだ（　　）、ストーリーも忘れてしまいました。

　　1　ことに　　　2　きりで　　　3　あげく　　　4　限り

問題2 <문장 완성>

次の文の ___★___ に入る最もよいものを1・2・3・4から一つ選びなさい。

[1] このあたりは ____ ____ ★ ____ いて、住みやすい。

    1 自然が   **2** にしては   **3** 都心   **4** 残って

[2] この ____ ____ ★ ____ 簡単に作れます。

    1 鍋さえ   **2** 料理でも   **3** どんな   **4** あれば

[3] 自分がされて嫌な ____ ____ ★ ____ ではない。

    1 もの   **2** ことを   **3** する   **4** 他人に

問題3 <글의 문법>

次の文章を読んで、文章全体の内容を考えて、[1]から[4]の中に入る最もよいものを、1・2・3・4から一つ選びなさい。

> 引っ越しのために荷物を整理することになったが、祖父母も両親も物が捨てられない性格で、荷物が山のようにある。私たち姉妹の子どものときの物はもちろん、両親、祖父母の子ども時代の教科書まで出てきた。
> 両親は古い荷物の中から思い出の品を手に取ってながめ、引っ越し [1] 。さんざん昔話をした [2] 、父はすべて捨てないと言い出した。思い出の品とはいう [3] 、しまっておく場所もないので [4] 。結局トラック1杯分の品を捨てた。父はさびしいかもしれないが、また新しい家で新しい思い出を作ってほしいと思う。

[1]   **1** どころではない   **2** さえすればいい
      3 かねない   **4** ということだ

[2]   **1** ばかりで   **2** くせに   **3** あげく   **4** わけではなく

[3]   **1** からには   **2** ものの   **3** たびに   **4** より

4	1 拾いようがない	2 しまわざるを得ない
	3 捨てようがない	4 捨てざるを得ない

問題4 <청해>

1 この問題では、まず質問を聞いてください。そのあと、問題用紙の選択肢を読んでください。読む時間があります。それから話を聞いて、問題用紙の1から4の中から、最もよいものを一つ選んでください。

    1 コンビニなどで新商品を買うこと　🔊 22
    2 1円玉や5円玉を使わないこと
    3 お金を使ったという感覚がないこと
    4 使った金額をチェックしないこと

2 この問題では、問題用紙に何も印刷されていません。まず、文を聞いてください。それから、それに対する返事を聞いて、1から3の中から、最もよいものを一つ選んでください。

1	1　2　3	🔊 23
2	1　2　3	🔊 24

6 友達同士の会話 친구와의 대화
苦労した5年間 (1)
고생한 5년 (1)

できること
- 자신의 곤란한 상황이나 기분을 친구에게 설명할 수 있다.
- 친구의 상황에 공감하고 격려할 수 있다.

🔊 25

渡辺：とうとう明日ね。初めてのプレゼン。
木山：うん。会社に入って5年、経験がなかった**ばかりに**苦労したよ。でも、自分の夢をあきらめる**ことはない**って君が言ってくれたから。
渡辺：ほんとに大変そうだったけどね。
木山：初めは同期の人**に比べて**、知識も技術も足りなかったからね。
渡辺：そう。
木山：部長に何度もやり直しさせられたけど、負ける**ものか**と思って、がんばってきたんだ。
渡辺：部長は、1日も早くあなたにプロの仕事ができるようになってほしかったのよ。それが上司と**いうものよ**。

48　経験がなかったばかりに ★★

どう使う？

「〜ばかりに(〜한 탓에)」는 '〜만이 원인으로 나쁜 결과가 되어서 유감이다'라고 표현하고 싶을 때 사용하는 표현이다.

Pl + ばかりに　～한 탓에, ～때문에, ～하는 바람에
[**なA** だな　**N** だな]

＊「**なA** ／ **N** である＋ばかりに」의 형태도 있다.

① 本当のことを言ったばかりに、彼を怒らせてしまった。
② 背が２センチ足りないばかりに、警察官になれなかった。
③ 今年のリンゴは台風で傷がついたばかりに、市場価値が下がってしまった。
④ 彼は両親が有名人であるばかりに、いつもからかわれてかわいそうだ。

やってみよう！　　　　　　　　　　　정답 별책 p.4

1) けがをして入院したばかりに、（　　　）。
　　a．親友の結婚式に出られなかった
　　b．治療を受けて元気になった
2) フリーマーケットに出店したが、途中で雨が降ってきたばかりに、（　　　）。
　　a．すぐうちへ帰った
　　b．たくさん売れ残ってしまった
3) 課長と部長の仲が悪いばかりに、（　　　）。
　　a．仕事がしにくい
　　b．仲よくしてほしいものだ
4) 審判に抗議したばかりに、（　　　）。
　　a．退場させられてしまった
　　b．審判に謝ってしまった

☞ p.224 ～ばかり

49　あきらめることはない　★★★

どう使う？

「～ことはない(～할 필요는 없다)」는 '그런 걱정은 하지 않아도 된다'라고 충고할 때 사용하는 표현이다.

V-る ＋ ┌ ことはない　～할 필요는 없다
　　　　└ こともない　～할 필요도 없다

6 苦労した５年間 (1)　87

① 君が謝ることはないよ。悪いのは向こうなんだから。
② 虫に刺されたくらいで病院に行くことはないよ。2、3日で治るから。
③ A：先輩、面接に行くのに、かばんやコートも買わなきゃいけませんか。
　　B：わざわざ買うことはないよ。普段は使わないんだから、とりあえずぼくのを使ったら？

やってみよう！

정답 별책 P.4

1) 今回のけがはそんなに心配することはありませんよ。　　・　　・ a) 売店で何でも売っているんだから。

2) インターネットで会議をすれば出張することはないだろう。　　・　　・ b) サボって遊びに行ったんだから、自分で調べればいいんだよ。

3) わざわざノートを貸してあげることはないよ。　　・　　・ c) ただのねんざで、骨は折れていませんから。

4) 遊園地にお弁当を持っていくことはないんじゃない？　　・　　・ d) そうすれば、時間も経費も節約できるよ。

 p.221 〜こと

50　同期の人に比べて ★★

どう使う？

「〜に比べて(〜에 비해서)」는 「〜より(〜보다)」와 같은 의미로 두 개 이상의 것을 비교하여 정도의 차이를 말하고 싶을 때 활용한다.

N ＋ に比べて　〜에 비해서

① いちごはレモンに比べて、ビタミンCが多いんだって。ほんとかな？
② どこの国でも田舎の人は都会の人に比べて、親切で世話好きな人が多いという印象がある。
③ 日本では冬は夏に比べ、2時間以上日照時間が短い。

やってみよう！

1) 日本は私の国（a. に比べて　b. に対して　c. によって）おしゃれな人が多いように思います。
2) 私の国は日本（a. に比べて　b. に対して　c. によって）技術援助を要請している。
3) 今年は去年（a. に比べて　b. に対して　c. によって）庭の桜の花が少ない気がする。
4) 日本では季節（a. に比べて　b. に対して　c. によって）咲く花の種類が大きく変わる。

51　負けるものか ★★

どう使う？

「～ものか（～하지 않는다）」는 혼잣말로 '절대로 ～하지 않을 거야, ～하나 봐라'라고 자신의 기분을 강하게 표현할 때 사용한다. 상대방의 말을 '절대 ～이지 않다, ～는 다르다'라고 부정할 때에도 쓰인다. 구어체에서는 「～もんか」「～もんですか」를 사용한다.

V-る
いA
なA な ＋ ものか／もんか　（절대로）～하지 않는다, ～하지 않을 거야
N な 　　　　ものですか／もんですか　（절대로）～하지 않겠습니다

① こんなサービスの悪い店には二度と来るもんか。
② 会社が業績不振で給料が30％カットされるなんて、そんなばかなことがあるものか。
③ A：ちゃんと断ったから、もう金貸してくれなんて言ってこないよね。
　　B：一度断られたぐらいで、あいつがあきらめるものか。きっとまた来るに決まってるよ。
④ A：本当ですか。そんな話とても信じられませんよ。
　　B：本当ですよ。うそなんかつくもんですか。
⑤ A：今度のアルバイト、それを袋に入れるだけ？　楽そうね。
　　B：楽なもんか。1日に何千個も入れるんだよ。

やってみよう！

1) A：そんなにがっかりしないで、元気出せよ。またいい人に出会うチャンスもあるよ。
   B：失恋のつらさは、（　　　）。

2) A：どうして言う通りにしないんだ。
   B：ぼくの気持ちをわかってくれないなら、（　　　）。

3) A：新人の木村、男のくせにちょっとしかっただけですぐ泣くんですよ。
   B：情けない。（　　　）。

---
a) お父さんの言うことなんか、聞くもんか
b) どんなにくやしくたって、泣くものかっていう気持ちはないのかね
c) 経験のないお前にわかるものか

☞ p.225　〜もの／もん

52　それが上司というものよ

どう使う？

「〜というものだ(바로 〜인 것이다)」는 말하는 사람의 생각을 개인적인 의견이 아니라 일반적으로 그렇다고 말하고자 할 때 사용하는 표현이다.

N ＋ というものだ　（바로) 〜인 것이다, 〜라고 할 수 밖에 없다

* **PI** [なAだ]의 경우도 있다.

① A：先生、山下君のせいで私たちのグループだけ、作品が完成していないんです。
   B：困ったときに助け合うのが友達というものだろ。手伝ってあげなさい。

② A：日本チーム、優勝できますよね。
   B：優勝!? それは期待しすぎというものだろう。

③ 貧しくても家族が仲よく暮らせるのが幸せというものですよ。

④ 私が社長を批判したなんて、とんでもない。それは誤解というものですよ。

⑤ どんなに大変な仕事でも、人の役に立つと思えばがんばれるというものだ。

☞ p.225　〜もの／もん

Check

1) 今年は例年 _____ 雨が少ないので、水不足が心配だ。
2) A：毎日部長にしかられているおれの気持ちなんて誰にもわかる _____。
   B：気にする _____ よ。部長は最近機嫌が悪いだけなんだから。
3) いいときもあるし、悪いときもある。それが人生 _____。
4) 12月26日に生まれた _____ バースデーケーキはいつも売れ残りのクリスマスケーキだった。

| ことはない　　ばかりに　　に比べ　　ものか　　というものだ |

6 苦労した5年間（2）

友達同士の会話 친구와의 대화
고생한 5년 (2)

できること

- 자신의 상황이나 결심한 일을 친구에게 말할 수 있다.

🔊 26

木山：部長はぼくのことを思え**ばこそ**、厳しく言ってくれたんだよね。部長の気持ちもわから**ないことはなかった**けど、つらかったよ。

渡辺：そうね。つらそうだったね。

木山：でも、一度決めたことだから、がんばれる**だけ**がんばろうと思って…。

渡辺：そうよね。あんなに努力してたんだ**もん**。いつか認めてもらえると思ってたよ。

木山：ずっと応援してくれた君のためにも、明日は失敗する**わけにはいかない**。こうなったら自分を信じて進む**のみ**だ。ハリウッド映画のスターになった**つもり**で、最高にかっこよくプレゼンするよ。

渡辺：うん。がんばってね。

53　ぼくのことを思えばこそ ★

どう使う？

「〜ばこそ（〜이기 때문에）」는 「〜からこそ（〜때문이야말로）」와 비슷한 의미로 이유나 원인을 특별히 강조하며 말하는 표현이다.

V-ば
なA／N であれば
] ＋ こそ　〜이기 때문에, 〜이니까

① この山の自然を愛すればこそ、観光客の数を厳しく制限しているのです。
② 日本にいればこそ、高度な研究ができるのだから、この研究の成果が出るまで帰国したくない。
③ この３Ｄ映画は高度なCG技術があればこそできたものだと言えます。
④ 親友であればこそ、お互いの欠点を指摘し合えるのだ。

☞ p.221 〜こそ

54　わからないことはなかった ★★★

どう使う?

「〜ないことはない(〜이 아닌 것은 아니다)」는 '절대 〜이다'라고 확실히 말할 수 없거나, 자신이 없어서 분명하게 말하고 싶지 않을 때 사용하는 표현이다.

| V-ない / いA -く / なA -で | ＋ | ないことはない　〜이 아닌 것은 아니다, 〜못할 것은 없다 |
| | | ないこともない　〜이 아닌 것도 아니다, 〜못할 것도 없다 |

① A：お酒、お好きですか。
　　B：そんなに好きではありませんが、飲めないことはありません。
② カラオケは行かないこともないんですが、誘われたときにお付き合いで行くぐらいです。
③ 注射だから痛くないことはないでしょうけど、看護師さんによって痛さが全然違うんですよ。
④ A：このメイク、ちょっと派手すぎる？
　　B：うーん。派手じゃないこともないけど、パーティーなんだから、いいんじゃない？

やってみよう！

1) A：Bさん、夏はお風呂に入らないんですか。
　　B：ええ。入らないこともないですけど、普段はほとんど（　　　）。
　　　　a．シャワーだけですね
　　　　b．シャワーはしませんね

2) A：今、好きな人いるんでしょ？ 結婚は考えていないの？
　　B：結婚したくないこともないんですが、（　　　）。
　　　　a．早く相手を見つけたいですね
　　　　b．今は仕事に集中したいですね

3) A：そろそろ12時だけど、昼飯、どうする？
　　B：腹、減ってないこともないけど（　　　）。
　　　　a．もうちょっと後でもいいよ
　　　　b．たくさん食べたいよ

☞ p.221 〜こと

55　がんばれるだけがんばろう ★★

どう使う？

「食べ放題だったので食べられるだけ食べた(무한리필이었기 때문에 먹을 수 있는 만큼 먹었다)」와 같이, '한계까지 〜을 하다'라고 말하고자 할 때 사용한다.

V-できる ＋ だけ　〜할 수 있는 만큼, 〜할 수 있는 데까지

＊「**V**たい／ほしい／好きな＋だけ」의 형태도 있다.

① 春節を前にリンさんはお土産を持てるだけ持って、帰国した。
②「生」という漢字を使った言葉を書けるだけ書いてください。
③ 悲しいときは泣きたいだけ泣けばいいよ。
④ 今日とれたトマトだよ。ほしいだけ持っていっていいよ。

やってみよう！

1) 好きなものを食べたいだけ食べて、
2) 優勝はできなかったがやれるだけのことはやったから、
3) 銀行から借りられるだけ借りて、
4) 集められるだけ集めたいと思ってがんばって買っていたら、

- a) くやしいとは思わない。
- b) 980円なら安いよね。
- c) 部屋中フィギュアでいっぱいになってしまった。
- d) 自分の店を出した。

4)

☞ p.222 〜だけ

56 努力してたんだもん ★★

どう使う？

「〜もん(〜인 걸)」은 이유 설명이나 변명을 말하고자 할 때 사용하는 표현이다. 「もの」는 주로 여성이 사용한다.

Pl ＋ もん　〜인 걸, 〜는데 어떡해, 〜이니까

＊ **Po** 도 사용되는 경우가 있다.

① A：そんなにたくさんお土産買うの？
　B：だって、この人形もこのお菓子も日本じゃなきゃ、買えないんだもん。
② A：ミュージカル見たいんだけど、チケット、なかなか買えないんだよね。
　B：そうか。あのミュージカル、人気あるもんね。
③ 課長は明日の会議でこの企画を通したいって言うけど、簡単には決まりっこないよ。まだ問題がたくさんあるもん。
④ A：表計算は式を入れればすぐできるのに…。
　B：自分で計算したほうが早いんですもの。

④

やってみよう！

정답 별책 P.4

1) A：パン、5つも買ったの？
   B：(　　　)。
2) A：6時なのに、帰らないの？
   B：(　　　)。
3) A：なんでメールしたのに返事くれなかったの？
   B：(　　　)。
4) A：インフルエンザ、流行ってるね。
   B：(　　　)。

---

a. だって全然気がつかなかったんだもん
b. 私は大丈夫、予防注射したもん
c. この仕事、課長に今日中にって頼まれちゃったんだもん
d. だって腹減ってるんだもん

☞ p.225 〜もの／もん

57　失敗するわけにはいかない ★★★

どう使う？

「休むわけにはいかない（쉴 수는 없다）」와 같이 '이유가 있어서 그럴 수 없다'라고 말하고자 할 때 사용한다. 또한 「働かないわけにはいかない（일하지 않을 수는 없다）」와 같이 '하지 않으면 안 된다, 해야 한다'라고 말하고 싶을 때에도 쓴다.

V-る / **V-ない** ＋ わけにはいかない　〜할 수는 없다／〜하지 않을 수는 없다

① A：Bさん、顔色悪いよ。今日は無理しないで早退したら？
   B：でも、午後から大事な会議があるから、帰るわけにはいかなくて…。
② A：今から飛行機の予約は無理ですよ。
   B：そこをなんとか。取引先でシステムトラブルがあって、私が行かないわけにはいかないんですよ。

③ A：今日は私がおごるよ。

B：いえ、とんでもない。今日はおごっていただくわけにはいきません。先輩のお祝いですから、ぼくたちが出します。

やってみよう！

정답 별책 p.4

1) 明日は朝一で会議があるので寝坊する（a．わけにはいかない　b．わけではない）。
2) 見たい番組がある（a．わけにはいかない　b．わけではない）が、いつもテレビをつけてしまう。
3) 駐車違反をしてしまったので、罰金を払わない

　（a．わけにはいかない　b．わけではない）。給料日前なのに、つらいなあ…。

☞ p.226 〜わけ

58　自分を信じて進むのみだ

どう使う？

「〜のみ（〜만, 〜뿐）」는 「〜だけ（〜만, 〜뿐）」와 비슷한 의미로, 안내문 등에서 자주 사용된다.

V-る
N　　＋ のみ　〜만, 〜뿐

＊「ただ〜のみ(단지 〜뿐)」라는 표현도 있다.

① お薬のみご希望の方は、こちらの箱に診察券をお入れください。
② 申し込みは郵送のみの受け付けとなります。
③ 太枠内のみご記入ください。
④ するべきことはすべてした。あとはただ結果を待つのみだ。

☞ p.224 〜のみ

59 スターになったつもりで ★★

どう使う?

「つもり(~한 셈치고)」는 '사실은 그렇지 않지만 그러한 기분으로'라고 말하고 싶을 때 사용한다.

> V-た
> いA
> なA な
> N の
> + つもり　~한 셈치고, ~이라 생각하고

① 旅行に行ったつもりで、この「列車の旅」のDVDを見て、楽しみましょう。
② 娘は体験学習の際に、お母さんになったつもりで赤ちゃんのお世話をしたそうだ。
③ いつまでも若いつもりで徹夜してると体を壊すよ。
④ ヘルパーさんは、本当の家族のつもりでお年寄りの世話をしていると言っていた。

やってみよう!

정답 별책 P.4

1) 遊園地に行ったら、　　　　　・ ・ a) 人気歌手になったつもりで歌いながら踊っている。

2) 専門学校のファッションショーのとき先生に、　・ ・ b) モデルになったつもりで、胸を張って歩きましょうと言われた。

3) 練習のときは試合のつもりで気合を入れて、　・ ・ c) 子どもに戻ったつもりで楽しんだほうがいいよ。

4) 妹はテレビを見ながら、　　　・ ・ d) 試合のときは練習のつもりでリラックスしていこう!

☞ p.223 ~つもり

Check

정답 별책 P.5

1) この仕事、もう少し条件をよくしてもらえれば、引き受け＿＿＿＿＿＿んですが…。

2) A：カメラ、これでいいかな？
   B：えー！ 野鳥を撮るんだ＿＿＿＿＿＿。もっといいカメラじゃなきゃだめよ。

3) いくら疲れていても、この仕事が終わるまでは帰る＿＿＿＿＿＿。

4) この袋に詰められる＿＿＿＿＿＿つめて200円ですから、お買い得ですよ。

5) 今日は皆さん政治家になった＿＿＿＿＿＿で、討論しましょう。

6) お前の将来を考えれば＿＿＿＿＿＿、留学を許したのだ。しっかり勉強しろ。

7) 連絡先などに変更がある場合＿＿＿＿＿＿、このはがきをご返送ください。

わけにはいかない　　もの　　のみ　　ないこともない　　つもり
だけ　　こそ

まとめの問題

정답 별책 p.13

問題1 <문법 형식 판단>

次の文の（　）に入れるのに最もよいものを1・2・3・4から一つ選びなさい。

1　卒業論文が間に合わなかった（　　）、卒業が半年遅れてしまった。

　1　ばかりに　　2　からには　　3　ものの　　4　にもかかわらず

2　来週の焼き肉パーティーは参加費500円で（　　）食べられますから、皆さん参加してください。

　1　好きだから　　2　好きなのに　　3　好きなだけ　　4　好きなくらい

3　A：加藤君のお父さん、優しそうだよね。
　　B：優しい（　　）。いつも怒ってばかりいるよ。

　1　ことか　　2　ことだ　　3　もんか　　4　ものだ

4　A：午後から取引先との打ち合わせですから、もう出かけたほうがいいんじゃないですか。
　　B：まだ時間はありますから、急ぐ（　　）よ。

　1　どころではありません　　2　わけにはいきません
　3　おそれがあります　　4　ことはありません

5　A：来週の同窓会、行くでしょ？
　　B：ごめん。ゼミの合宿があって、休む（　　）んだ。

　1　わけではない　　2　ものではない
　3　わけにはいかない　　4　ことはない

6　A：この川、以前に（　　）、ずいぶんきれいになりましたね。
　　B：ええ。町の人たちが毎週掃除していますからねえ。

　1　応じて　　2　つれて　　3　わたって　　4　比べて

問題2 <문장 완성>

次の文の___★___に入る最もよいものを1・2・3・4から一つ選びなさい。

1. 注意書きを ___ ___ ★ ___ 受け付けてもらえなかった。
   1. 書類が   2. ばかりに
   3. 見落としていた   4. 足りなくて

2. 野菜や果物に ___ ___ ★ ___ 減っているのをご存知ですか。
   1. ビタミンが   2. 昔   3. 含まれる   4. に比べて

3. 話し上手になるには、___ ___ ★ ___ 話をよく聞き、情報を得て、話題を増やしましょう。
   1. 人の   2. なった   3. レポーターに   4. つもりで

問題3 <독해>

次の文章を読んで問題に答えなさい。後の問いに対する答えとして最もよいものを、1・2・3・4から一つ選びなさい。

　　日本製品は国際的な価格競争の中で苦境に立たされている。しかし競争できないとあきらめるわけにはいかないし、悲観してはいられない。それでは日本のビジネスが世界的に発展する道はどこにあるのだろうか。ビジネス成功のポイントは、ただ消費者のニーズを追求することのみだ。
　　今、ヨーロッパでは日本の警備会社が人気を集めている。セキュリティーシステムに問題がないか常にチェックし、警報器が鳴ったら、すぐ担当者が駆けつけ、状況を把握して客に連絡する。日本では当たり前のこのサービスがヨーロッパで高く評価されているという。「セキュリティーがしっかりしていなかったばかりに、大きな被害に遭った」と後悔するより、料金は少し高くても、頼れる会社に任せようというニーズがあったからと言える。日本では当然のことだが海外では高く評価される、それこそが国際競争力を持つ商品というものだ。

| 1 | 日本の警備会社が人気がある一番の理由は何ですか。

1 セキュリティーシステムをチェックしてくれるから
2 いつでもチェックしていて、すぐ問題に対応してくれるから
3 料金が少し高いから
4 安心して警備を任せられないから

| 2 | 筆者が最も言いたいことは何ですか。

1 国際的な経済競争が激しくなっていること
2 日本製品が外国製品に比べて、値段が高くなったこと
3 日本の警備会社がヨーロッパで人気を集めていること
4 消費者のニーズを追求することが、世界市場で勝つということ

問題4 <청해>

1 この問題では、まず質問を聞いてください。そのあと、問題用紙の選択肢を読んでください。読む時間があります。それから話を聞いて、問題用紙の1から4の中から、最もよいものを一つ選んでください。

| 1 | 1 自然の環境を作ること　　2 水槽に水草を入れること
　　 3 メダカのストレスをなくすこと　　4 毎日世話をすること　　🔊 27

| 2 | 1 アルバイトを休んだ　　2 アルバイトをした
　　 3 熱を出して寝ていた　　4 用事があって帰った　　🔊 28

2 この問題では、問題用紙に何も印刷されていません。まず、文を聞いてください。それから、それに対する返事を聞いて、1から3の中から、最もよいものを一つ選んでください。

| 1 |　1　2　3　　🔊 29

| 2 |　1　2　3　　🔊 30

| 3 |　1　2　3　　🔊 31

7 論説文を読む 논설문을 읽다
オオカミと生態系（1）
늑대와 생태계 (1)

できること
- 리포트나 논설문에서 지금까지의 경위나 상황 설명을 이해할 수 있다.

🔊 32

　皆さんはオオカミに対してどんなイメージを持っているだろうか。人間の**立場から見ると**、オオカミは牛などの家畜を襲う敵だ。このイメージから、物語などでもオオカミは悪く書かれることが多かった。

　しかし、その**一方**で、オオカミはシカなどの草食動物が増えすぎるのを防ぎ、自然のバランスを守る役割も果たしてきたのである。アメリカのイエローストーン国立公園では、オオカミが殺され、絶滅した**ことから**、その食料となっていた大型のシカが急増した。増えすぎたシカは、植物に大きな被害を与えた**のみならず**、ネズミやビーバー**といった**小動物の数も減少させた。シカの数が増える**にしたがって**、食べ物や住む場所が減り、生きていけなくなったからだ。

60　人間の立場から見ると ★★★

どう使う？

「～から見ると(～입장에서 보면)」는 「専門家から見ると(전문가 입장에서 보면)・価格の面から見ると(가격 면에서 보면)・データから見て(데이터로 보아)」와 같이, 어떤 입장・시점・판단의 근거로 생각한 것을 말할 때 쓴다.

N + ┌ から見ると　～입장에서 보면, ～로 보면
　　　├ から見れば　～입장에서 보면, ～로 보면
　　　└ から見て　　～입장으로 보아, ～로 볼 때

① 便利さという点から見ると、やはり田舎より都会のほうが暮らしやすい。
② けんかの原因なんて、第三者から見れば、くだらないことが多い。
③ 現在の経営状態から見て、四葉商事の再建には時間がかかりそうだ。
④ 彼は、能力、人柄、その他すべての点から見て、プロジェクトリーダーに適任だ。

やってみよう！

정답 별책 P.5

1) 加藤さんは60歳（a．から見ると　b．にしては）若く見える。
2) どこの国にも外国人（a．から見れば　b．にしては）不思議だと思うような習慣があるだろう。
3) このおもちゃは人気があるが、安全性の点（a．から見ると　b．にしては）問題があるようだ。
4) 彼は今年入社したばかりだが、新入社員（a．から見れば　b．にしては）仕事ができて頼もしい。

＋Plus

～からいうと／～からいえば／～からいって ★★★

「～からいうと／～からいえば／～からいって」는 '～입장에서 판단하면, ～로 보면, ～로 보아'라는 뜻으로 거기에 초점을 맞추어 판단하면 어떨지를 말하고자 할 때 사용하는 표현이다.

① 社員の立場からいうと、給料は高ければ高いほどいいが、高い給料をもらうにはそれなりの成果が要求されることを忘れてはいけない。
② 品質からいえばオレンジ社の製品がいいんですが、値段からいうとイルスン社のほうがリーズナブルですね。
③ 実力からいって今回もアメリカが優勝するでしょう。

～からすると／～からすれば／～からして ★★★

'~입장에서 보면, ~로 볼 때, ~로 보아'라는 뜻으로 내가 그 입장이 되어 생각하는 역지사지의 상황을 말할 때 사용하는 표현이며, 「～からいうと／～からいえば／～からいって」와 비슷한 용법이다.

① 彼の考え方からすると、どんなアイデアも実行できなければ無駄だということになる。
② 患者の立場からすれば、たとえたいした病気じゃなくても、病状を詳しく説明してほしいと思う。
③ 目撃者の証言からすると、犯人は複数のようだ。
④ 故障の程度からして、このパソコンはもう買い換えたほうがいいでしょう。

☞ p.220 ～から

61　その一方で ★★★

どう使う？

「行列ができる店がある一方、まったく客が入らない店もある(줄을 서는 가게가 있는 한편, 전혀 손님이 없는 가게도 있다)」처럼 한 가지 일에 관해 크게 차이가 나는 상황이 있다는 것을 설명할 때 쓴다.

Pl ＋ 一方　～하는 한편
[なA だな　N だの]　＊「 なA ／ N である＋一方」의 형태도 쓰인다.

① 仕事を求めて都会に出る若者がいる一方、故郷に戻って就職する若者もいる。
② 動物園は入場者を楽しませる工夫をする一方、動物にストレスを与えないように気をつけている。
③ 円高は輸入業者には有利である一方、輸出の低迷をもたらす要因ともなる。
④ インターネットの普及で、簡単に情報が手に入るようになった。しかしその一方で、個人情報の流出という問題も出てきた。
⑤ 東南鉄道が17億円の黒字だった一方で、西北鉄道は20億円の赤字だったそうだ。

☞ p.220 ～一方

やってみよう!

정답 별책 P.5

1) みどり市では工場誘致を喜ぶ市民がいる一方、
2) 大都市で人口が増加する一方、
3) 長年１つの仕事を続けて成果を上げる人がいる一方、
4) 彼は俳優として活躍する一方、

- a) 人口減少が進む地域もあり、政府は対策を検討している。
- b) 最近は映画監督としても注目されている。
- c) 環境保護の立場から慎重に考えるべきだという意見もある。
- d) 転職から多くの経験を得て才能を伸ばす人もいる。

62 絶滅したことから ★★

どう使う?

「～ことから(～라는 점에서)」는 사물과 장소의 이름이나 유래, 판단의 근거와 그렇게 된 원인을 말하고자 할 때 사용하는 표현이다.

PI ＋ ことから　～라는 점에서, ～해서, ～때문에
[なA だな　N だ]

＊「なA／N である＋ことから」의 형태도 있다.

① このサツマイモは中が赤いことから、紅イモと呼ばれています。
② この坂は桜並木になっていることから、桜坂という名前になったそうだ。
③ チンパンジーは道具が使えることから、人間に最も近いと考えられている。
④ 山梨はブドウの栽培に適していることから、ワイン作りが盛んだ。
⑤ この村では、坂道が多く高齢者が買い物に出るのが困難であることから、スーパーが送迎バスを運行しているそうだ。

☞ p.221 ～こと

やってみよう！

1) 彼は暗算が苦手だったことから　・
2) 台所の窓が割れていることから、・
3) 沖縄は昔、独立した1つの国だっ・
　　たことから
4) お隣の田中さんはいろいろなも・
　　のを発明していることから

・a) 犯人はそこから侵入したと思われます。
・b) 下町のエジソンと呼ばれている。
・c) 電卓を作ろうと思ったそうだ。
・d) 独自の文化や言葉が今でも残っている。

63　被害を与えたのみならず ★★

どう使う？

「～のみならず(～뿐만 아니라)」는「～だけでなく(～뿐만 아니라)」와 동일하게 쓰인다.

PI ＋ のみならず　～뿐만 아니라
[なA だ　N だ]

＊「なA／N である＋のみならず」의 형태도 있다.
＊「ただ～のみならず(단지 ～뿐만 아니라)」「ひとり～のみならず(다만 ～뿐만 아니라)」라는 표현도 있다.

① 現在、日本のコンビニは若者のみならず、あらゆる世代の人々に様々な目的で利用されている。
② 難民問題は人道的な問題であるのみならず、近隣諸国にも影響を及ぼす政治的な側面もある。
③ 多くの人に愛され続けてきたブランド品はただデザインが美しいのみならず、機能的にも優れているものが多い。
④ 彼は戦争で家族を失った子どもたちを引き取って育てたのみならず、その子どもたちが自立して暮らせるように教育を受けさせたという。

やってみよう！

정답 별책 P.5

1) 信頼される上司とは、能力が高く経験が豊富であるのみならず、（　　　）。
   a．部下の意見に耳を傾けることもできる人だ
   b．部下の意見を聞かないで、自分の考えで仕事をする人だ

2) 朝日電子の新製品はシェアを独占したのみならず、（　　　）。
   a．売り上げを伸ばさなければならない
   b．会社のイメージアップにも貢献した

3) 豆腐は今やアジアの国のみならず、（　　　）。
   a．世界中で人気がある食品と言える
   b．いろいろな料理に使える

4) 被災地には、国内のみならず（　　　）。
   a．海外からも多くの支援が寄せられた
   b．まだ危険があると言われている

☞ p.224　〜のみ

64　ネズミやビーバーといった　★

どう使う？

대표적인 예를 들어 설명할 때 쓰는 표현으로「〜など(〜등)」와 같은 의미를 나타낸다.

N ＋ といった　〜와 같은, 〜등

① くるみやアーモンドといったナッツ類を毎日食べると、記憶力がよくなるそうです。
② 仏教は、中国、日本、韓国、タイといったアジアの国で広く信仰されている。
③ 夜食は、おかゆやうどんといった消化のいい食べ物にしたほうがいいでしょう。
④ ヨガやストレッチといった運動は、少しずつでも続ければ、効果が現れます。

65　数が増えるにしたがって　★★★

どう使う？

「〜にしたがって(〜함에 따라)」는 '한 쪽의 변화에 맞춰 다른 쪽도 변화한다'라는 의미로, '어떤 기준이나 조건 등에 맞춰'라고 말하고 싶을 때에도 활용한다.

| V-る | | にしたがって | ~함에 따라 (점차) |
| N | + | にしたがい | ~함에 따라 (점차) |

① 暑くなるにしたがって、体調を崩す人が増えた。
② ライフスタイルの変化にしたがい、日本人の食生活も変わった。
③ わが国でも自動車の普及にしたがい、道路の整備が必要になってきた。
④ この商品は安全基準にしたがって作られています。

やってみよう！ 　　　　　　　　　　　　　　　정답 별책 P.5

1) 先生のアドバイスにしたがって、
   （a．レポートを書き直した　b．難しいレポートだった）。
2) 高い山では頂上に近づくにしたがって、（a．寒い　b．気温が下がる）。
3) 交通手段の進歩にしたがい、人々の移動距離は
   （a．大きく伸びた　b．以前より長い）。
4) この地域では人口が増えるにしたがって、土地の値段が（a．高い　b．上昇した）
   そうだ。

＋ Plus

～につれて／～につれ　★★★

「V-る + につれて／につれ(~함에 따라)」도 어느 한 쪽의 사태 변화와 더불어 다른 한 쪽의 사태도 변화해 간다는 것을 나타낸다.

① 留学生活が長くなるにつれて、国のことを思い出すことが少なくなったような気がする。
② 彼は年を取るにつれ、周囲の人と交流することが少なくなっていった。
③ 謝ろうと思ったが、時間がたつにつれて、言い出しにくくなってしまった。

Check

1) 不景気で倒産する企業がある＿＿＿＿＿＿、優れた技術で世界的なシェアを持つに至った企業もある。

2) 事故の調査が進む＿＿＿＿＿＿多くの問題点があったことがわかってきた。

3) 山本選手のファインプレーに、彼のファン＿＿＿＿＿＿相手チームのファンからも拍手が送られた。

4) この場所は映画の撮影で使われた＿＿＿＿＿＿、記念撮影の人気スポットとなった。

5) 日本人が冷たいお弁当をおいしそうに食べているのは、外国人の私＿＿＿＿＿＿信じられないことだ。

6) 電車やバス、フェリー＿＿＿＿＿＿交通機関では、学割を利用することで切符や定期券を安く買うことができる。

| から見ると　　ことから　　のみならず |
| にしたがって　　といった　　一方 |

7 オオカミと生態系 (2)
論説文を読む 논설문을 읽다
늑대와 생태계 (2)

できること

● 리포트나 논설문 등의 설명을 이해할 수 있다.

　そこで、国立公園にオオカミを戻そうという取り組みが始まった。オオカミの復活により生態系を回復させ**得る**と考えたのだ。しかし生物学者の期待**に反して**、この計画はすぐには実行されなかった。野生のオオカミを連れてくること**に関して**は、成果が期待される**反面**、家畜の被害のおそれもあるため、理論**上**は有効だとわかっていても、受け入れにくいことだったからだ。

　20年以上の時間をかけて話し合いを続けた結果、1995年、ついにオオカミが放された。その後、オオカミがシカを食料として順調に数を増やした結果、一時は激減したその他の動植物も、徐々に増加し**つつある**ことが報告されている。

　同じような取り組みはアメリカ**に限らず**、ヨーロッパでも検討されている。慎重に意見交換を続けながら、自然のバランスをとっていくことになるだろう。

　こうした意識の変化にともない、オオカミに対する悪いイメージも過去のものになっていくかもしれない。

66 回復させ得る

どう使う？

「〜得る／〜得る」는 '〜할 수 있다, 가능성이 있다'라고 말할 때 사용하고, 「〜得ない」는 '〜할 수 없다, 가능성이 없다'라는 의미이다. 논문 등에서 자주 사용한다.

V-ます + ┌ 得る／得る　〜할 수 있다
　　　　└ 得ない　〜할 수 없다

＊「考える(생각하다)・想像する(상상하다)・ある(있다)・知る(알다)・予測する(예측하다)・解決する(해결하다)・理解する(이해하다)」등과 함께 사용된다.

① 凶器がどこにあるか、考え得る場所はすべて捜したが、まったく手がかりがつかめなかった。
② 普通の人が宇宙へ行ける日が来るなんて、100年前には想像し得なかったことだ。
③ マーケティング調査の結果によっては、発売時期の変更もあり得る。
④ 犯人しか知り得ない情報を、彼は知っていた。
⑤ A：おれ、内定取り消しだって。ありえないよな。
　 B：えー！　うそでしょ？

　＊「ありえない」는 '믿을 수 없다'라는 의미로 대화할 때 자주 쓰인다.

☞ p.220 〜得る／得る

67 期待に反して ★★

どう使う？

예상한 일이나 기대했던 일이 반대의 결과나 상태가 되었을 때 사용하는 표현이다.

N + ┌ に反して　〜에 반해서, 〜과는 반대로
　　├ に反し　〜에 반해, 〜과는 반대로
　　├ に反する ┐
　　└ に反した ┘ + N　〜에 반하는, 〜에 어긋나는
　　　　　　　　　　　　〜에 반한, 〜에 어긋난

＊「予想(예상)・期待(기대)・意向(의향)」등과 함께 사용된다.

① 今回の経済政策は国民の期待に反して、まったく効果がなかった。
② 彼は、親の意向に反して、戦場カメラマンになった。

③ 実験結果は予想に反するものだったので、関係者はがっかりした様子だった。
④ 手作りにこだわってきた店主の意に反することだが、人件費削減のため、機械化せざるを得ない状況になってきた。

やってみよう！

1) Aチームは予想（a. に反して　b. に反した）決勝戦まで進んだ。
2) 今回の統一地方選挙は開票前の予測（a. に反して　b. に反する）結果に終わった。
3) 労働者の意思（a. に反して　b. に反する）雇用者が労働を強制することはできない。

68　連れてくることに関して　★★★

どう使う？

「〜について(〜에 대해서)」와 마찬가지로 화제로 삼거나 조사할 내용을 말할 때 쓰인다. 조사나 연구, 통지문 등에서 자주 사용한다.

N ＋ に関して　〜에 관해서, 〜에 대해서
　　　に関する ＋ N　〜에 관한, 〜에 대한

① 修理に関するお問い合わせはサービスセンターまでお電話かメールでご連絡ください。
② 危険物の取り扱いに関しては細心の注意を払う必要がある。
③ 今回は子どもたちの学力だけでなく体力に関しても調査が行われることになった。
④ 友人は地震の予知に関して研究論文を書いたそうだ。

やってみよう！

1) 日程など試合（a. に関して　b. に関する）情報は、ホームページをご覧ください。
2) 若者のインターネットの利用（a. に関して　b. に関する）大学でアンケートを行った。
3) その件（a. に関しては　b. に関する）後日メールでご案内いたします。

69　成果が期待される反面

どう使う？

어떤 일에 관해서 두 가지의 반대되는 측면이나 시점이 있다는 것을 설명할 때 사용한다.

PI ＋ 反面／半面　～반면

[なAだな　Nだ]

＊「なA／Nである＋反面」의 형태도 있다.

① 来日前は留学に期待する反面、不安も大きかった。
② IT機器は多機能化が進んで、便利な反面、操作が複雑すぎて使いこなせない人が増えている。
③ 高層マンションは設備がよくて快適に生活できる反面、一度停電すると設備がまったく使えなくなるという問題もある。
④ 木製や紙製の植木鉢は通気性に優れている反面、乾燥しやすいという欠点もある。
⑤ 国民の長寿は喜ばしい反面、国の財政負担が増えるという問題もある。

70　理論上は

どう使う？

「～上(～상)」는 '～라는 점에서 생각해 볼 때'라는 의미로 어떠한 관점에서 무언가를 판단할 때 사용한다.

N ＋ 上　～상, ～상으로

＊「理論(이론)・職業(직업)・教育(교육)・法律(법률)・歴史(역사)・表面(표면)」등의 단어와 함께 사용된다.

① お札にはその国の歴史上の人物の顔が描かれていることが多い。　①
② スポーツは、子どもにとって健康上はもちろん、教育上もいい点がたくさんある。
③ あの2人は表面上は親しそうに見えるけど、本当はあまり仲がよくないんだ。
④ 「ペーパーカンパニー」とは、書類上は存在するが経営実態のない会社のことである。

やってみよう！

1) 新エネルギーの開発は _____ は可能だが、その実用化には課題も多い。
2) 弁護士や医師は _____ 人の秘密を知っても、それを他人に話してはならない。
3) 高校進学率が90％を超え、_____ 義務教育のような位置づけになっている。
4) インターネットには、子どもの _____ よくないと思われるサイトが数多くある。

| 事実上 | 理論上 | 教育上 | 職業上 |

☞ p.220 ～上／上

71 増加しつつある ★★

どう使う？

「日本の人口は減りつつある(일본의 인구는 감소하고 있다)」와 같이 '조금씩 변화하고 있다'라고 설명할 때 사용한다.

V-ます ＋ つつある　～하고 있다

① 異常気象の影響が世界各地に広がりつつある。
② 社会の高齢化にともない、犯罪者の高齢化も進みつつある。
③ 世界規模での人口移動が進みつつある現在、共生の意識がますます必要になっている。
④ 日本銀行は、国内の景気について、緩やかに回復しつつあると発表した。

やってみよう！

1) ランナーは夕日の中をゴールに向かって（a. 走っている　b. 走りつつある）。
2) 私が弁当を（a. 食べている　b. 食べつつある）ところへ上司が来て、緊急の仕事を頼まれた。
3) 私たちには、（a. 失われている　b. 失われつつある）自然を守る義務がある。
4) 国王の病気は（a. 回復している　b. 回復しつつある）が、まだ入院治療が必要だそうだ。

☞ p.223 ～つつ

72 アメリカに限らず

どう使う？

「〜に限らず(〜뿐만 아니라)」는 '〜에 국한되지 않고 그 외에도'라고 말하고자 할 때 사용하는 표현이다.

N ＋ に限らず　〜뿐만 아니라, 〜에 국한되지 않고

① 環境対策のためにも、夏に限らず、年間を通して節電を心がけるべきだ。
② 水の問題は特定の地域に限らず、世界的な問題になるだろう。
③ 車に限らず、自転車でもぶつかったら大けがをしますから注意してください。
④ 電化製品に限らず、あらゆる分野で新製品の開発競争が行われています。

やってみよう！

정답 별책 p.5

1) 生活習慣病は、人間（a．に限らず　b．を問わず）犬や猫などのペットにも見られる。
2) 車で出かけたが、渋滞して、すぐ近く（a．に限らず　b．にもかかわらず）1時間もかかってしまった。
3) 経済学の加藤先生は、経済（a．に限らず　b．において）歴史や文化にも詳しい。
4) スポーツ（a．に限らず　b．にしたがって）どのような集団でも、それぞれの力を生かすことが重要だ。

☞ p.223 〜に限る／限り

Check 📖

정답 별책 p.5

1)「今年こそ優勝を」という関係者の期待 ＿＿＿＿＿、チームは1回戦で負けてしまった。

2) 契約 ＿＿＿＿＿、引っ越す場合は1か月前までに伝えることになっている。

3) 野外イベントは天候によっては中止もあり ＿＿＿＿＿。

4) 警察は連続放火事件 ＿＿＿＿＿ 有力な情報をつかんだ。

5) わが国の産業は現在発展し ＿＿＿＿＿。10年後が楽しみだ。

6) アクリルはガラスと比べて軽く衝撃に強い ＿＿＿＿＿、表面に傷がついて透明度が下がりやすい。

7) がん ＿＿＿＿＿、病気の治療には早期発見が大事だ。

| つつある | 得る | に限らず | に関する | 上 |
| 反面 | に反して | | | |

まとめの問題

정답 별책 P.14

問題1 <문법 형식 판단>

次の文の（　）に入れるのに最もよいものを1・2・3・4から一つ選びなさい。

1 今回のマラソンは大方の予想（　　）、初出場の無名のランナーが優勝した。

    1　に関して　　　2　に反して　　　3　のみならず　　　4　からいうと

2 このデータ（　　）男性のほうが女性より甘い飲み物を好む傾向があることがわかります。

    1　から見ると　　2　に関して　　　3　にしたがって　　4　のみならず

3 立場（　　）、寮長の私が当番をサボるわけにはいかないんです。

    1　において　　　2　に反して　　　3　上　　　　　　　4　に関して

4 今回の遺跡の発掘によって、古代文明の謎が明らかになり（　　）。

    1　つつある　　　2　かねない　　　3　得ない　　　　　4　っぽい

5 ペンギンは子どものときは灰色ですが、成長する（　　）黒くなります。

    1　にしたがって　2　どころか　　　3　ものの　　　　　4　だけ

6 区民祭り（　　）お問い合わせは、下記事務局にお願いいたします。

    1　からいうと　　2　に限る　　　　3　に関する　　　　4　にわたる

7 当学会は、研究者や専門家（　　）、企業や個人の方々にも広く開かれた学会です。

    1　に反して　　　2　に比べて　　　3　のみならず　　　4　にもかかわらず

8 料理研究家の栗林さんは独創的な創作料理を発表する（　　）、各地の伝統的な郷土料理の研究もされています。

    1　一方　　　　　2　次第　　　　　3　際　　　　　　　4　限り

| 9 | グレープフルーツは木になっている様子がブドウに似ている（　　　）、その名前がついたそうだ。

    1　のみならず　　　　　　　　**2**　ことから

    3　にもかかわらず　　　　　　**4**　ものの

問題2　<문장 완성>

次の文の ___★___ に入る最もよいものを1・2・3・4から一つ選びなさい。

| 1 | 駅では ____ ____ ★ ____ 数を少なくしている。

    1　上の　　　　**2**　ごみ箱の　　　　**3**　防犯　　　　**4**　理由から

| 2 | 健康面のみならず、仕事の能率という点からも、
____ ____ ★ ____ はいいことだと思う。

    1　生活習慣が　　**2**　の　　　　**3**　見直されつつある　　**4**　早起きの

| 3 | パンダは ____ ____ ★ ____ 一面がある。

    1　凶暴な　　　　**2**　に反して　　　　**3**　イメージ　　　　**4**　外見の

| 4 | 事件への関与を疑われている女優は、
その件 ____ ____ ★ ____ 発表した。

    1　一切知らない　　**2**　に関しては　　**3**　コメントを　　**4**　という

| 5 | 練習の苦しさも時間が ____ ____ ★ ____ 変わっていった。

    1　楽しい　　　　**2**　思い出に　　　　**3**　たつ　　　　**4**　につれて

問題3 <글의 문법>

次の文章を読んで、文章全体の内容を考えて、 1 から 6 の中に入る最もよいものを、1・2・3・4から一つ選びなさい。

　科学技術が進み、知識という側面 1 、昔よりはるかに多くのことがわかるようになった。宇宙 2 様々な事実が明らかになってきた。
　例えば、昔はブラックホールの存在さえわからなかったが、天体観測などの技術が進んだ 3 、その存在がわかった。さらに、調査が進む 4 、ブラックホールはただそこに存在する 5 、膨張していることも、明らかになってきた。
　しかし、様々な事実が明らかになる 6 、ブラックホールとは何なのか、なぜ存在するのか、膨張し続けたらどうなるのか、さらなる疑問がわいてくる。
　これまでは知識を得ることによって、すべてがわかると期待されていた。しかし科学者たちが日々研究を続けているにもかかわらず、宇宙の謎は深まるばかりである。

| 1 | 1 から見ると | 2 からといって | 3 につれて | 4 に応じて |

| 2 | 1 につれて | 2 ばかりで | 3 に関しても | 4 のみならず |

| 3 | 1 反面 | 2 ことから | 3 ばかりに | 4 ものの |

| 4 | 1 ことから | 2 にしては | 3 一方で | 4 にしたがって |

| 5 | 1 限り | 2 のみならず |
| | 3 にもかかわらず | 4 につれて |

| 6 | 1 一方で | 2 ことから | 3 際 | 4 からには |

問題4 <청해>

1　この問題では、問題用紙に何も印刷されていません。この問題は、全体としてどんな内容かを聞く問題です。話の前に質問はありません。まず話を聞いてください。それから、質問と選択肢を聞いて、1から4の中から、最もよいものを一つ選んでください。

　　　　　1　2　3　4　　　　　🔊 34

2　この問題では、まず話を聞いてください。それから二つの質問を聞いて、それぞれ問題用紙の1から4の中から、最もよいものを一つ選んでください。

| 1 | 1　朝、ベッドの中で
2　朝、起きてすぐ
3　夜、寝る前
4　夜、寝ている間 | 🔊 35 |

| 2 | 1　これからは朝早く勉強することにした
2　これからも夜、勉強することにした
3　朝も夜も勉強することにした
4　勉強しないことにした |

3　この問題では、問題用紙に何も印刷されていません。まず、文を聞いてください。それから、それに対する返事を聞いて、1から3の中から、最もよいものを一つ選んでください。

| 1 | **1　2　3**　　　　　🔊 36 |

| 2 | **1　2　3**　　　　　🔊 37 |

8 取引先で
거래처에서

できること

● 비즈니스 상황 속에서 회사 밖의 사람과 간단한 대화를 할 수 있다.

加藤：田中さん、安田製作所の佐々木様が**お見えになりました**。

佐々木：本日はご依頼のサンプルを持ってまいりました。

田中：あ、わざわざありがとうございます。

佐々木：前回、ご希望を承りましたので、それに合わせて作り直しをさせていただきました。**ご確認願えます**でしょうか。

田中：はい、わかりました。

佐々木：よろしくお願いいたします。それから、これは前回拝借した資料と、サンプルに関する資料でございます。

田中：ああ、どうも。お手数をおかけしました。

佐々木：今度お時間がありましたら、ぜひ当社の工場へお越しになってください。新しい機械もご覧いただきながら、**ご説明申し上げ**たいと思いますので…。

田中：ええ、私も一度伺いたいと思っておりました。

佐々木：お待ちしております。おいでくださるときは、ご連絡いただけれ**ばと思います**。私がご案内させていただきますので…。

田中：ありがとうございます。じゃ、日程**につきましては**、後ほど…。

73 佐々木様がお見えになりました

どう使う?

비즈니스 등의 격식 차린 상황에서는 아래의 표와 같은 특별한 경어 표현도 사용된다.

의미	존경어
来る(오다)	お見えになる ＊1
	お越しになる ＊2
行く(가다)・来る(오다)・いる(있다)	おいでになる ＊3
V-て いる(～하고 있다)	V-て おいでになる

* 1 「お見えです」도 사용된다.
* 2 「お越しの方」「お越しです」「お越しいただく／くださる」「お越しください」 등의 표현도 있다.
* 3 「おいでの際」「おいでです」「おいでいただく／くださる」「おいでください」 등의 표현도 있다.

의미	겸양어
見せる(보여주다)	ご覧に入れる
聞く(듣다)・引き受ける(받다)	承る
借りる(빌리다)	拝借する
思う(생각하다)・知っている(알고 있다)	存じる
伝言する(전언하다)	申し伝える
V-て いく(～해 가다)・V-て くる(～해 오다)	V-て まいる

① 横浜からお越しの大山様、佐藤様がお待ちですので、1階の受付までお越しください。
② 本日のご予約は山本が承りました。ありがとうございました。
③ この資料、長い間拝借したままお返しもせず、たいへん申し訳ありませんでした。
④ A：こちらまで、お車でおいでになりましたか。
　 B：いいえ、電車でまいりました。
⑤ A：休みの日はいつも何をしておいでになりますか。
　 B：趣味のゴルフをしております。
⑥ 田中はただ今、席を外しておりますので、後ほどこちらからご連絡するように申し伝えます。

やってみよう！

1) ただ今から皆様に（a．ご覧に入れます　b．お目にかかります）のは、イルカのショーでございます。
2) プレゼント用のラッピングは、あちらのカウンターで（a．申して　b．承って）おります。
3) この資料をコピーして（a．まいります　b．おいでになります）ので、少々お待ちください。
4) こちらの商品はきっとご満足いただけると（a．存じます　b．ご存じです）。

74　ご確認願えますでしょうか　★★

どう使う？

「お／ご～願います（～해 주시기 바랍니다）」는 「お／ご～いただく／ください（～해 주세요）」와 같은 의미로 비즈니스 상황 등에서 상대방에게 정중하게 부탁할 때 쓰인다.

```
お  V-ます  ┐
           ├ ＋ 願う　～해 주시길 바라다
ご  N       ┘
```

① 事故の状況をもう一度詳しくお話し願えますか。
② こちらで少々お待ち願えますか。
③ 緊急の際はこちらにご連絡願います。
④ 見学ご希望の方は、この書類にご記入願います。

やってみよう！

1) レストラン、ホールなどでの・　　　・a) お食事はついておりませんので、各自でご用意願います。
2) 会議の日時を　　　　　　　　・　　　・b) スリッパのご使用はご遠慮願います。
3) 安全にご使用いただくために、・　　　・c) 下記の点にご注意願います。
4) 会場は無料でご利用可能ですが、・　　・d) ご連絡願いたいのですが…。

75　ご説明申し上げたい

どう使う？

「お／ご～申し上げる(～해 드리다)」는 「言う(말하다)」가 아니라, 「する(하다)」의 겸양어로 자신이 상대방을 위해서 무언가를 할 때 사용한다. 「お／ご～する(~하다)」보다 정중한 표현이다.

お　V-ます
ご　N　　　＋　申し上げる　～(해) 드리다

＊「喜ぶ(기뻐하다)・祈る(기도하다)・答える(대답하다)・案内(안내)・相談(상담)・紹介(소개)」 등의 단어와 함께 사용된다.

① 新校舎建設のため、ご寄付をお願い申し上げます。
② ただ今より今回のプロジェクトについて、私のほうからお話し申し上げます。
③ 被害に遭われた方に心からお見舞い申し上げます。
④ ただ今ご報告申し上げた件について、ご質問のある方はいらっしゃいますでしょうか。

やってみよう！

정답 별책 P.6

1) ご迷惑をおかけいたしましたことを　・　　・a) お待ち申し上げております。
2) お問い合わせの件については、　　　・　　・b) 深くおわび申し上げます。
3) 皆様のご健康とご活躍を　　　　　　・　　・c) 今日中にご連絡申し上げます。
4) またのご来店を心より　　　　　　　・　　・d) お祈り申し上げます。

76　ご連絡いただければと思います

どう使う？

「～ばと思います(~해 주셨으면 합니다)」는 「至急ご連絡いただければと思います(급히 연락 주시길 바랍니다)」와 같이, 상대방에게 '가능하면 ~해 줬으면 좋겠다'라고 조심스럽게 말할 때 쓰인다. 「もう少し価格が安ければと思います(조금 더 가격이 싸면 좋겠습니다)」와 같이 자신의 희망을 말할 때에도 쓰인다.

V-ば　＋　と思う　～해 주셨으면 한다, ~해 주길 바라다

＊「いAければ／なAであれば＋と思う」의 형태도 있다.

① こちらの事情をご理解いただければと思います。
② この仕事を山田さんにお願いできればと思っているんですが…。
③ 皆さんのご意見をお聞かせくださればと思います。
④ スピーチコンテストで入賞できればと思って、がんばっています。
⑤ A：こちらのお部屋はいかがでしょうか。
　　B：そうですね。もう少し広ければと思うんですが…。

やってみよう！

정답 별책 P.6

1) この作品を通して、　　　　・　　　・a) お越しいただければと思います。
2) 当社の新製品について　　　・　　　・b) 平和へのメッセージを伝えられればと思います。
3) 私の新曲を　　　　　　　　・　　　・c) お時間のあるときにご説明させていただければと思います。
4) 近いうちにこちらへ　　　　・　　　・d) たくさんの方にお聞きいただければと思います。

77　日程につきましては

どう使う？

「～について(～에 대해서)・～にとって(～에게 있어서)・～において(～에 있어서)・～として(～로서)・～に関して(～에 관해서)」등의 표현을 정중하게 말하고 싶을 때에는「～まして」의 형태를 사용한다.

N ＋ につきまして　～에 대해서, ～에 관해서

＊「～として」는「～としまして」외에「～といたしまして」도 사용된다.

① 発売の時期につきましては、現在検討中でございます。
② 今回のプロジェクトは私にとりましても、貴重な経験になると思います。
③ 本日1時より中央広場におきまして、抽選会を行います。
④ わが社といたしましては、今回の契約はぜひ進めたいと考えております。

정중하게 말하고 싶을 때에는 다음과 같은 정중형을 사용한 표현도 자주 쓰인다.

① こちらはアンケート結果をまとめました資料でございます。
② ご質問などがありましたら、いつでもお問い合わせください。
③ 1日も早くお元気になられますよう、お祈りしております。
④ こちらの商品は品質は最高で、お値段も手ごろですし、きっとご満足いただけると思います。

Check

정답 별책 P.6

新入社員の佐藤と①（a．申し伝え　b．申し）ます。このたび、第2営業部に配属されることに②（a．いたしました　b．なりました）。この場をお借りして、一言、ごあいさつ③（a．申し上げます　b．願います）。

私④（a．につきまして　b．にとりまして）はなにぶん初めてのことばかりで、ご迷惑をおかけすることもあるかと⑤（a．存じます　b．存じ上げます）が、皆様にご指導⑥（a．いただいて　b．うけたまわって）、1日も早く皆様のお役に立てるよう、努力して⑦（a．まいります　b．おります）。

どうぞよろしくお願い⑧（a．申し上げ　b．申し伝え）ます。

まとめの問題

問題 1 <문법 형식 판단>

次の文の（　　）に入れるのに最もよいものを1・2・3・4から一つ選びなさい。

1　特別展を（　　　）皆様は入館前に入口の注意事項をお読みください。
　　1　ご覧になる　　2　ご覧に入れる　　3　拝見する　　4　拝見なさる

2　ご注文を（　　　）。ご利用ありがとうございます。
　　1　いたしました　　　　　　　2　うけたまわりました
　　3　なさいました　　　　　　　4　されました

3　先生から貴重な資料を（　　　）ことは、私の研究の大きな助けになりました。本当にありがとうございました。
　　1　拝見できました　　　　　　2　拝借できました
　　3　お貸しになりました　　　　4　お見えになりました

4　先生は新内閣についてどう（　　　）か。
　　1　存じます　　2　おわかりです　　3　お考えです　　4　存じ上げます

5　A：山本先生、今度の日曜日はお宅に（　　　）か。
　　B：あいにく日曜日はちょっと…。
　　1　おこしになります　　　　　2　おいでになります
　　3　お見えになります　　　　　4　おります

6　こちらの商品はセール品でございますので、交換はご遠慮（　　　）。
　　1　願います　　　　　　　　　2　存じます
　　3　いたしません　　　　　　　4　うけたまわりません

7　お忙しいところ恐縮ですが、貴社主催のツアーについて、詳細を教えて（　　　）と存じます。どうぞよろしくお願いします。
　　1　さしあげて　　2　さしあげれば　　3　いただけて　　4　いただければ

問題2 <문장 완성>

次の文の ___★___ に入る最もよいものを1・2・3・4から一つ選びなさい。

[1] お客様が ____ ____ ★ ____ ください。

1　2階の　　　　　　　　　　2　お見えになったら
3　ご案内して　　　　　　　　4　応接室に

[2] この機会にぜひ ____ ____ ★ ____ 申し上げます。

1　ご案内　　　　　　　　　　2　お試し
3　新商品を　　　　　　　　　4　くださいますよう

[3] 商品が ____ ____ ★ ____ と思います。

1　入荷するまで　　　　　　　2　いただければ
3　お待ち　　　　　　　　　　4　しばらく

問題3 <글의 문법>

次の文章を読んで、文章全体の内容を考えて、 [1] から [4] の中に入る最もよいものを、1・2・3・4から一つ選びなさい。

> お買い上げ誠にありがとうございます。お届け [1] 商品の品質管理には万全を期して [2] が、万一不良品などが [3] 、お手数ですが、当社までご連絡くださいますようお願い [4] 。

[1]　1　なさいました　2　いたしました　3　ございました　4　まいりました

[2]　1　おります　2　いたします　3　存じます　4　申し上げます

[3]　1　存じましたら　　　　　　　2　ございましたら
　　3　ご覧に入れましたら　　　　4　いたしましたら

[4]　1　ございます　2　おります　3　まいります　4　申し上げます

問題4 <청해>

1　この問題では、問題用紙に何も印刷されていません。この問題は、全体としてどんな内容かを聞く問題です。話の前に質問はありません。まず話を聞いてください。それから、質問と選択肢を聞いて、1から4の中から、最もよいものを一つ選んでください。

　　　　　　1　2　3　4　　　　　　　　　　　　　　　🔊 39

2　この問題では、問題用紙に何も印刷されていません。まず、文を聞いてください。それから、それに対する返事を聞いて、1から3の中から、最もよいものを一つ選んでください。

| 1 |　**1　2　3**　　　　　　　　　　　　　　　🔊 40

| 2 |　**1　2　3**　　　　　　　　　　　　　　　🔊 41

友達同士の会話 친구와의 대화
食べ放題 (1)
무한리필 (1)

できること

● 친숙한 화제에 대해서 친구와 자연스러운 표현을 사용하여 이야기할 수 있다.

小林 : この食べ放題、すごくよかったよ。この前、行ったんだけど、とにかくメニューが多い**のなんのって**、ピザやスパゲティから肉じゃが、焼き魚、北京ダックまで、和、洋、中なんでもあるんだ。それに全部でき**たて**。

大田 : あ、ここ今人気だよね。ステーキもけっこうおいしいし…。

小林 : だから、みんなで行こうよ。ぼくは1食抜いて行くつもりなんだ。

大田 : 小林君**ったら**何言ってるの。胃の大きさは食事の量によって変わる**ようになっている**のよ。

小林 : そうなんだ。この間食べられなかった**わけだ**。胃が小さくなっちゃってたんだね。

大田 : そうよ。空腹で行ったらたくさん食べる**どころか**、いつもより食べられなくなっちゃうんだから。そんなことも知らない**ようじゃ**、小林君は、食べ放題初心者ね。

78　メニューが多いのなんのって ★

どう使う?

「～のなんのって(매우 ～하다)」는 '말로 잘 설명할 수 없을 정도로 상당히 ～하다'라는 기분을 나타낸다.

PI ＋ のなんのって　매우/대단히 ～하다
[**なA** だな **N** だ]

① A：どうしたの？　顔、はれてるよ。
　　B：虫歯を抜いたら、痛いのなんのって。何も食べられないんだ。
② A：あくびばっかりして、寝不足？
　　B：隣の部屋の人がテレビでサッカー見ていて、うるさいのなんのって、全然寝られなかったんだ。
③ A：突然部長に呼ばれてさ、部長のお嬢さんと見合いしないかって。びっくりしたのなんのって。
　　B：で、見合いするの？
④ 午前中、忙しかったのなんのって、トイレに行くひまもないくらいだった。
⑤ A：昨日のハイキング、思いのほか大変だったね。
　　B：ほんと、ぶっ続けで5時間歩きっぱなし。疲れたのなんのって、最後はもう一歩も歩けないっていう感じだったよね。

79　できたて ★★

どう使う？

「〜たて(갓 〜한)」는 '막 〜해서 새롭다/신선하다'라는 의미로 완성된 직후인 상태를 나타낸다.

V-ます ＋ たて　갓〜한, 막〜한

＊「作る(만들다)・できる(완성되다)・焼く(굽다)・炊く(짓다)・なる(되다)」등의 동사와 함께 사용된다.

① 炊きたてのご飯ってほんといいね。何杯でも食べられそう。
② A：このおまんじゅう、まだ温かいよ。
　　B：うん。できたてを買ってきたの。
③ このベンチ、ペンキぬりたてだって。
④ A：ねえ、うちの姉の子がね、幼稚園で習った覚えたての歌と踊りを見せてくれたんだ。
　　B：そりゃ、かわいかっただろうね。

やってみよう！

정답 별책 P.6

1) A：ねえ、パン買ってきた。やき（a. かけ　b. たて）だよ。いいにおいでしょ。
　　B：ほんとだね。

2) A：あさって提出のレポート、終わった？
   B：ううん。まだ書き（a. かけ　b. たて）。いつ終わるかまったくわからない状態。
3) A：このとれ（a. たて　b. かけ）のトマト、おいしいね。
   B：うん、ほんと新鮮。
4) A：ここに飲み（a. かけ　b. たて）のジュース置いたの、だれ？
   B：ああ、それ、おれの。

80　小林君ったら

 どう使う？

친근한 상대에게 비난, 걱정 등의 감정을 담아 화제로 삼을 때 사용한다.

N ＋ ったら　～는 참, ～는 정말이지

① うちの犬ったら、私が浴衣着てたら、よその人と間違えてほえたのよ。
② うちの弟ったら、私がとっておいたお菓子、全部食べちゃったんだよ。
③ A：このパソコンったら、しょっちゅうフリーズするんだ。
   B：じゃあ、買い替えたら？

✚ Plus

～ってば

「**N** ＋ ってば（～는 참）」도 동일하게 사용한다.

① お母さんってば、いつも勝手に私の部屋に入るのよ。
② うちの社長ってば、正面玄関に自分の銅像立てるって言うんだ。困っちゃうよ。

81　変わるようになっている ★★

どう使う？

「泥棒が窓を壊すとブザーが鳴るようになっている(도둑이 창문을 부수면 경보기가 울리게 되어 있다)」와 같이 기계 시스템이나 신체의 구조 등 어떤 일이 발생하면, 자동적으로 다음 일이 일어난다고 설명할 때 쓰인다.

V-る / **V-ない** ＋ ようになっている　～하게 되어 있다

① ほこりが鼻に入るとくしゃみが出て、自然にそれを外へ出すようになっています。
② 最近の回転寿司はお皿についているセンサーで、食べた金額が自動的に計算できるようになっているそうだ。
③ このホテルのドアは閉めると自動的にかぎがかかるようになっていますので、お出かけの際はこのカードキーを必ずお持ちください。
④ 世界初の自動販売機はエジプトで2000年以上前に作られ、お金を入れると水が出るようになっていたそうだ。
⑤ このライターは着火部分を固くして、子どもがいたずらしても火がつかないようになっています。

やってみよう！

정답 별책 P.6

1）健康のために毎日20分歩く（a．ようにしています　b．ようになっています）。
2）このストーブは少しの揺れでも、自動的に火が消える
　（a．ようにしています　b．ようになっています）。
3）テレビを見ていてわからない言葉が出てきたらすぐ辞書で調べる
　（a．ようにしています　b．ようになっています）。
4）この駐車場は人が来ると電気がつく
　（a．ようにしています　b．ようになっています）。

☞ p.226 ～ように

82　食べられなかったわけだ　★★★

どう使う？

「開かないわけだ、かぎがかかっているよ(안 열리겠네, 열쇠가 잠겨 있어)」와 같이, 예상한 일에 대해 '역시, 그렇군'이라고 납득했을 때 사용한다. 이유를 모를 때는「どういうわけか(어쩐지)」를 사용한다.

PI ＋ わけだ　～한 것이다, ～하게 된다
[**なA**だな　**N**だの]

＊「～というわけだ(～이라는 것이다)」의 형태도 있다.

① A：このチョコ、1粒1,000円もするんだよ。

　B：え！ 本当？ じゃあ、おいしいわけよね。

② このゲーム、人気があるわけだよ。やってみたら、キャラクターも個性的だし、ストーリーも独創的だし、最高だよ。

③ A：この道、カーブが多くて見通しが悪いし、街灯は少ないし…。

　B：本当だね。事故が多いわけだ。

④ A：両親に転職を反対されてて…。

　B：それでまだ迷っているというわけなのね。すぐ転職するって言ってたのに、どうしたのかと思ってたんだ。

③

やってみよう！

정답 별책 p.6

1) A：斎藤さん、今日、就職試験なんだって。

　B：ああ、それでスーツ着て出かけていった（a．わけ　b．はず　c．べき）ね。

2) A：斎藤さん、部屋にいないみたいだね。

　B：うん。今日就職試験だって言っていたから、もう出かけた
　　（a．わけ　b．はず　c．べき）よ。

3) 事故にあったときは、まず何をする（a．わけ　b．はず　c．べき）か、落ち着いて考えましょう。

4) A：このプリンターは去年のモデルなので、30,000円引きになっております。

　B：ああ、それで安い（a．わけ　b．はず　c．べき）ね。

☞ p.226 〜わけ

83　たくさん食べるどころか　★★

どう使う？

「AどころかB(A는커녕 B)」는 「雨が降るどころかすごくいい天気になった(비가 내리기는커녕 날씨가 매우 좋아졌다)」와 같이, A의 내용과 실제로는 반대 상황인 B를 강하게 말하는 표현이다. 또한 「漢字どころかひらがなもわからない(한자는커녕 히라가나도 모른다)」와 같이 'A보다 더 정도가 심한 B'라고 말할 때에도 사용한다. A에는 상대방이 말한 것이나 자신이 처음에 생각한 일 등이 들어가는 경우가 많다.

Pl + どころか　～은커녕, ～은 고사하고, ～은 물론이고
[**なA**だ　**N**だ]

① A：旅行、どうだった？ 沖縄(おきなわ)はもう暑いんでしょうね。
　 B：ううん。雨に降られて、暑いどころかすごく寒くて、風邪(かぜ)ひきそうだったよ。

② A：ジョギング始めたんだって？ やせた？
　 B：それがねえ…。運動するとおなかがすくでしょう？ やせるどころか体重増えちゃった。

③ 高校生のときは、海外旅行どころか国内旅行もしたことがありませんでした。

④ 初めはネットで人とチャットするどころかインターネットにつなぐ方法もわからなかった。

⑤ 日本へ来たばかりのころは道がわからなくて、自転車でスーパーへ行くどころか寮(りょう)の周りを1人で歩くことさえできませんでした。

やってみよう！　　정답 별책 p.6

1) A：お宅は郊外(こうがい)だから、静かでしょう。
　 B：静かどころか（a. 騒音(そうおん)がひどいんですよ　b. とても便利ですよ）。近くに高速道路があるから…。

2) 今持っているお金では車を買うどころか（a. 家　b. 自転車）を買うのも無理(むり)だ。

3) A：今度マラソン大会に出るんだそうですね。
　 B：ええ、走り始めたときは5キロどころか（a. 1キロ　b. 10キロ）も走れなかったんですけどね。

☞ p.223 ～ところ／どころ

84　そんなことも知らないようじゃ

どう使う？

「～ようでは(～해서는)」는 지금의 상태를 지속하면 결과가 좋지 않다는 부정적인 평가를 나타내는 표현이다.

V-る / **V-ない** +　ようでは　～해서는, ～하다니
　　　　　　　　　　ようじゃ　～해서는, ～하다니

① おしゃれに全然気を使わないようじゃ、社会人としてまずいんじゃない?
② A:料理1つ作るのにこんなに時間がかかるようじゃ、一人暮らしは無理かな?
　B:慣れれば早くできるようになるから、大丈夫だよ。
③ 締め切りを守れないようじゃ、漫画家としてやっていけないよ。
④ 上級になっても、知らない言葉をいちいち辞書で調べているようでは、読解はうまくならないと先生に言われた。

☞ p.225 ～よう

Check

1) A:このはちみつ、ブルーベリーが入っているんですよ。
　B:だから紫色をしている ＿＿＿＿＿＿ ね。
2) ベルリン動物園、広い ＿＿＿＿＿＿ 、1日じゃとても回りきれなかったよ。
3) このマンションは火事が起きると自動的に防火扉が閉まる ＿＿＿＿＿＿ 。

| のなんのって　ようになっている　わけです |

4) お父さん ＿＿＿＿＿＿ 、部屋の電気つけっぱなしにしないでよ。
5) A:さっき、商店街のお肉屋さんの前を通ったら、揚げ ＿＿＿＿＿＿ のコロッケのいい匂いがしたから、買っちゃった。
　B:えー! 10個も!?
6) 「縁があれば」なんて言っている ＿＿＿＿＿＿ 、恋人なんかできないよ。
7) A:ドイツ工場へ見学に行くんだって? ドイツ語できるんだ、すごいね。
　B:とんでもない。ドイツ語 ＿＿＿＿＿＿ 英語さえちゃんと話せないよ。どうしよう。

| どころか　ったら　たて　ようじゃ |

9 友達同士の会話 친구와의 대화
食べ放題（2）
무한리필 (2)

できること

● 친숙한 화제에 대해서 친구와 자연스러운 표현을 사용하여 이야기할 수 있다.

小林：え？　食べ放題に初心者って？

大田：食べ放題は店との勝負よ。経験も技術も必要よ。飲み物は控えめに。値段の高いものを狙う。あとは、料理は食べきれる量をとって、ゆっくり食べること。

小林：なんでゆっくりなんだよ。食べ放題で上品**ぶって**もしょうがないだろ？　とにかくどんどん食べなきゃ。

大田：初心者**に限って**そういうこと言うんだよね。食べ放題はマラソンよ。元を取ろうと思ったら、とにかく最後までペースを崩さずに食べ続ける**ことだ**よ。

小林：へえ。そうなんだ。どうしてそんなに詳しいの？

大田：私、この近くの食べ放題**という**食べ放題は全部行っているもん。

小林：へえ。

大田：それにね、残したら、罰金を払わされる店もあるから気をつけないとだめよ。先週も友達と焼き肉の食べ放題に行ったんだけど、危うく罰金を払わされる**ところだった**んだから。

小林：それで、どうなったの？

大田：最後の力をふりしぼって、私が食べたわよ。罰金払う**くらいなら**、がんばったほうがずっと**まし**だと思って…。

小林：大田さんがいれば心強いね。メンバー集めるから、絶対一緒に行こうね。よろしく！

85 上品ぶってもしょうがない

どう使う?

「〜ぶる(〜인 체하다)」 '실제로는 그렇지 않으면서 꼭 그러한 것 같은 태도로'라는 의미이다.

N
なA ＋ ぶる　〜인 체하다, 〜인 척하다
いA

* 「優等生(우등생)・悪者(나쁜 사람)・大人(어른)・上品(고상함)・いい子(착한 아이)・偉い(훌륭하다, 잘나다)」 등의 단어와 함께 사용한다.
* 「ぶる」는「ぶらない」「ぶって」와 같이 Iコ룹 동사처럼 활용한다.

① 昔ぼくは好きな女の子の前で悪ぶっていた。本当は、好きだって言う勇気がなかっただけなんだ。
② A：あいつ、先生の前だといい子ぶるけど、掃除サボるし、宿題も誰かの写してるんだぜ。
　 B：まったく、頭に来るよな。
③ あの人は大企業の社長なのに少しも偉ぶったところがない。
④ たとえかっこいい人の前でも、お嬢様ぶるなんて、私には無理だ。

86 初心者に限って

どう使う?

「〜に限って…(〜에 한해서…)」는 '〜의 입장의 사람은 일반적으로 …하는 경향이 있다'라고 비판적으로 말하고자 할 때 사용한다.

N ＋ に限って　〜에 한해서

① よく知らないやつに限って、偉そうなことを言う。
② 金持ちに限って、けちでお金を出すのを嫌がるんだよね。
③ 高い車に乗っている人に限って、安いアパートに住んでるんだって、山田さんは言っていたけど、本当かな。

☞ p.223 〜に限る／限り

「答えがわからないときに限って先生に質問される(정답을 모를 때만 선생님한테 질문을 받는다)」와 같이, '~일 때만, 운 나쁘게…'를 표현하고 싶을 때에도 사용한다.
① お金がない日に限って、友達にお酒を飲みに誘われる。
② 急いでいるときに限って、バスが来ない。
③ 大切な試験があるのに、今日に限って寝坊してしまった。

87 食べ続けることだよ

どう使う?

「~ことだ(~해야 한다)」는 '당연히 ~해야 한다, ~하는 편이 좋다'와 같이 화자의 판단을 나타내는 표현이다. 조언이나 충고로서 사용되는 경우가 많다.

V-る / **V-ない** + ことだ　~해야 한다, ~하는 것이 좋다

① 仕事でも何でも自分一人で悩まないで、誰かに相談することですよ。
② 強くなりたかったら、自分の長所を伸ばすことだ。
③ カビを防ぐには毎日部屋の換気をすることです。
④ ルームメイトと楽しく暮らすには、お互いに迷惑をかけないように気をつけることですよ。

☞ p.221 ~こと

88 食べ放題という食べ放題

どう使う?

「~という~(~라는 ~)」는 「店中の客という客が立ち上がって踊り出した(가게 안 손님이라는 손님은 다 일어서서 춤추기 시작했다)」와 같이 '모두, 전부'를 나타낸다. 「~」의 부분은 같은 단어를 반복한다.

N + という + **N**　~라는 ~

① 今回の森林火災で、この辺の木という木は、1本残らず燃えてしまった。
② 田中監督はこの映画で、今年の映画関連の賞という賞を独占した。

③ クリスマスにロンドンへ行ったら、店という店が閉まっちゃってて、何も買えなかった。
④ 桜の季節には道という道に観光客があふれ、地元の人間にとっては迷惑な話だ。

89 罰金を払わされるところだった ★★★

どう使う?

「〜ところだった(〜할 뻔했다)」는 「もう少しでけがをするところだった(하마터면 부상을 당할 뻔했다)」와 같이, '〜와 같은 상황이 될 것 같았지만, 실제로는 그렇게 되지 않았다'라고 말할 때 쓴다.

V-る + ところだった　〜할 뻔했다

* 「〜なければならない(〜하지 않으면 안 된다)」「〜ざるを得ない(〜할 수밖에 없다)」 등과 함께 사용하는 경우도 있다.

① 今朝は30分も寝坊しちゃって、危うく遅刻するところだったよ。
② マンガに夢中になっていて、友達が教えてくれなかったら、乗り過ごすところだった。
③ 祖父の病気はもう少し発見が遅れていたら、手遅れになるところだった。
④ A：終電に間に合ってよかったね。
　 B：うん。これに乗れなかったら、歩いて帰らなきゃならないところだったね。

やってみよう!

1) 自転車が急に飛び出してきて、もう少しでぶつかる
　（a. ところだった　b. はずだった）。
2) 残業は1時間で終わる（a. ところだった　b. はずだった）のに、3時間かかってしまった。
3) 今日は遠足に行く（a. ところだった　b. はずだった）のに、雨が降ったので中止になった。
4) 階段で押されて、危うく転ぶ（a. ところだった　b. はずだった）。

☞ p.223 〜ところ／どころ

90 罰金払うくらいなら

どう使う?

「1時間待つくらいならほかの店に行こう(한 시간 기다릴 정도라면 다른 가게에 가자)」와 같이 「AくらいならB(A정도라면 B)」의 형태로 'B가 가장 좋다고는 할 수 없지만, A할 바에야 B하겠다'라고 말할 때 쓴다. 「ほかの店に行ったほうがよかった(다른 가게에 가는 게 나았을 걸)」와 같이 후회의 뉘앙스도 있다.

V-る + くらいなら ～정도라면

① A: カメラが壊れちゃって、修理代が15,000円もするんだ。
　 B: 15,000円も払うくらいなら、新しいのを買ったほうがいいね。
② お金を払って電車に乗るくらいなら、時間がかかっても自転車で行ったほうがいい。
③ A: レポート、締め切りに間に合わないよ。どうしよう。
　 B: そんなにあせるくらいなら、もっと早く書き始めればよかったのに。
④ A: 先生。父ったら、好きなお酒が飲めないくらいなら、治療なんかしなくたっていいって言うんです。
　 B: それは困りましたね。

④

やってみよう!

정답 별책 p.6

1) 材料費を1,000円も出すくらいなら、 ・　　　・ a) 残業のほうがいいよ。

2) 疲れて学校休むくらいなら、　　　 ・　　　・ b) 手作りするより、買ったほうがいいんじゃない?

3) 上司と飲みに行くくらいなら、　　 ・　　　・ c) 最初から付き合わなければよかったのに…。

4) すぐに別れるくらいなら、　　　　 ・　　　・ d) アルバイトなんてやめなさい。

☞ p.221 ～くらい

91　がんばったほうがずっとましだ ★★

どう使う？

「まし(보다 나음, 그 편이 더 좋음)」는 '다른 것과 비교해서 좋다고는 할 수 없지만, 가장 나쁜 것은 아니다'를 말하고자 할 때 사용한다. 「～ほうが(～편이)・～より(～보다)・～だけ(～만)・まだ(아직)・ずっと(훨씬)」 등과 접속하여 사용되는 경우가 많다.

① A：もうすぐ冬だね。私、寒いの苦手なんだ。
　 B：暑いより、寒いほうがましだよ。寒いときには服を着ればいいんだから。
② A：彼、何を作っても何も言わずに食べるだけなの。
　 B：ちゃんと食べてくれるならいいじゃない。「まずい」って言われるよりましでしょ。
③ A：残業が多くて、嫌になっちゃいますよ、先輩。
　 B：そう言うけどね、不景気なんだから、仕事があるだけましだと思わなきゃいけないんだぞ。
④ あいつは入社5年目なのにミスばかりで、新人の加藤のほうがまだましだ。

やってみよう！

정답 별책 P.6

1）A：バレンタインのチョコ、1つしかもらえなかったんだー。それも姉から…。
　 B：でも（a．ある　b．ない）よりましだよ。うちは兄弟、男ばかりだからさ。
2）A：今のアルバイト、交通費が500円までしか出ないんだ。
　 B：いいじゃない。500円でも（a．出る　b．出ない）よりましだよ。
3）文句を言って気まずくなるくらいなら、（a．何も言わない　b．何でも言った）ほうがましだと思う人が多い。
4）火事でうちが燃えてしまったが、（a．うちが燃えた　b．命が助かった）だけましだと思うことにした。

Check

1) あの通販サイト、にせブランド品を売っていたんだって。
   だまされる _____ わ。
2) あんな危ない運転をする人の車に乗るより、遠くても、歩いたほうが _____ と思う。
3) 楽器は何でも上達しようと思ったら練習が一番。毎日練習する _____ よ。

ことだ　　ところだった　　ましだ

4) A：え？ ノンアルコールビール？ そんなのを飲む _____ ぼくは水飲むよ。

   B：そう？ これ、けっこうおいしいんだよ。
5) 相談したいことがある日 _____ 、夫の帰りが遅い。
6) クリスマスシーズンのこの町は、家 _____ 家が電球で飾られて華やかだ。
7) あの子、大人 _____ 難しい言葉を使っているけれど、意味がわかっているのかな。

くらいなら　　ぶって　　に限って　　という

まとめの問題

정답 별책 p.16

問題1 <문법 형식 판단>

次の文の（　　）に入れるのに最もよいものを1・2・3・4から一つ選びなさい。

1 当店では、作り（　　）の味をお楽しみいただけるよう、ご注文を受けてから作っています。

1 ながら　　2 たて　　3 かけ　　4 しだい

2 この防災セットに入っているご飯は、常温で5年間保存できる（　　）。

1 かのようです　　　　2 ようにしています
3 ようになっています　4 ようにしてください

3 9月になったのに、涼しくなる（　　）、さらに暑さが厳しくなったような気がする。

1 に反して　　2 くらいなら　　3 はもとより　　4 どころか

4 A：え、昼休み30分だけですか？
B：30分でもあるだけ（　　）よ。私なんか食べながら仕事することだってあるんだから。

1 といった　　2 ましだ　　3 というものだ　　4 らしい

5 リムジンバスが渋滞で遅れて、もう少しで飛行機に乗り遅れる（　　）。

1 ことはないだろう　　2 ところだった
3 ところではなかった　4 ばかりだった

6 怖くて眠れなくなる（　　）、ホラー映画なんて見なければいいのに。

1 のなんのって　2 どころか　3 くらいなら　4 反面

7 A：強化合宿、どうだった？
B：まいったよ。ほんと、死んだ（　　）と思うくらいきつかったよ。

1 ほうがましだ　2 ところだった　3 ことだ　4 おそれがある

問題2 <문장 완성>

次の文の ★ に入る最もよいものを1・2・3・4から一つ選びなさい。

1. 上手にしからないと ___ ___ ★ ___ プレッシャーでいい面もつぶしてしまいかねません。

   1 能力を　　2 どころか　　3 引き出す　　4 部下の

2. こちらの車は ___ ___ ★ ___ ので、キャンプにも使えます。

   1 寝泊まり　　　　　　2 車内で
   3 ようになっている　　4 できる

3. 暑いから、狭いテントで ___ ___ ★ ___ ほうがましだ。

   1 くらいなら　　2 寝た　　3 外で　　4 寝る

4. 課長は忙しい ___ ___ ★ ___ 頼んでくるから困るんだ。

   1 に限って　　2 めんどうな　　3 とき　　4 仕事を

5. 「いくら ___ ___ ★ ___ 」と母は言った。

   1 年は　　2 若い子　　3 ごまかせなかった　　4 ぶっても

問題3 <글의 문법>

次の文章を読んで、文章全体の内容を考えて、 1 から 4 の中に入る最もよいものを、1・2・3・4から一つ選びなさい。

今、伊豆にある友達の別荘に遊びに来てます。
今朝起きたら、びっくりした 1 、一面の銀世界。道路もすっかり雪が積もって、車が通れなくなっちゃってました。朝ご飯は近くのお店からおいしい牛乳と焼き 2 のパンが届くっていうことだったけど、こんな状態なので配達は無理。しょうがないから、残ってたお菓子を食べました。何も食べられないより 3 けど。
そのあと、いつ来るかわからない配達を待ってる 4 買いに行ったほうが早いと思って、友達と2人でちょっと離れたスーパーまで行くことにしたんだけど、雪で

> 歩きにくくてとーっても大変でした。お昼はバスで港までおいしい魚を食べに行く予定だったんだけどな〜（泣）。

1	**1** のなんのって	**2** からだ	**3** けれど	**4** ところが
2	**1** 始め	**2** たて	**3** かけ	**4** 次第
3	**1** ほかなかった	**2** おかげだった	**3** に比べた	**4** ましだった
4	**1** くらいなら	**2** くらいだから	**3** どころだから	**4** ところまでは

問題4 <청해>

1　この問題では、まず質問を聞いてください。そのあと、問題用紙の選択肢を読んでください。読む時間があります。それから話を聞いて、問題用紙の1から4の中から、最もよいものを一つ選んでください。

　　1 カードをなくしたから
　　2 搭乗券をなくしたから
　　3 搭乗券を捨ててしまったから
　　4 手続きの期間が終わっていたから

🔊 44

2　この問題では、問題用紙に何も印刷されていません。まず、文を聞いてください。それから、それに対する返事を聞いて、1から3の中から、最もよいものを一つ選んでください。

1	**1** **2** **3**	🔊 45
2	**1** **2** **3**	🔊 46
3	**1** **2** **3**	🔊 47

10 エッセーを読む 에세이를 읽다
満員電車 (1)
만원 전철 (1)

できること

● 에세이를 읽고, 필자의 생각이나 느낌을 이해할 수 있다.

본문 해석 보기

朝の通勤電車の混雑はつらい**ものがある**。満員電車にストレスを感じない人はいるまい。日々耐えている乗客を見る**につけ**、みんな何と我慢強いのだろうと思う。まるで何かの訓練をしているかのようだ。

朝のホームでは、いつも同じ場所に立つ。この路線にはいくつか高校があり、階段の近くに止まるこの車両には高校生がたくさん乗っている。だからこの車両は混んでいる**わりには**座れるチャンスがあるのだ。

電車がホームに入ってきた。ドアが開いた。押されながら乗り込み、座っている高校生の前に立つ。

92 つらいものがある ★

どう使う?

「〜ものがある(〜인 부분이 있다)」는 '〜한 느낌이 든다'라고 말하고 싶을 때 사용한다. 구체적으로 뭐라 말할 수는 없지만, 그렇게 생각되는 요소가 있다고 말할 때에도 쓰인다.

Pl + ものがある 〜인 부분이 있다, 〜하기도 하다

[현재형만] [なA だな N だ]

① A：この町、ずいぶん変わりましたね。

　B：ええ、便利にはなったんですが、違う町になってしまったみたいで、さびしいものがありますよ。

② A：四葉商事が、もうちょっと安くならないかって言ってきているんですが…。

　B：これ以上の値下げは、かなり厳しいものがあるなあ…。

③ A：タンさんって才能あるよね。

　B：私もそう思う。彼の絵にはすばらしいものがあるよね。

④ 世界中で大ヒットした歌には、世代を超えて人々の心に響くものがある。

☞ p.225 〜もの／もん

93　ストレスを感じない人はいるまい ★★

どう使う？

「〜まい(〜하지 않을 것이다)」는 어떠한 상황 등으로부터 판단하여, '〜의 가능성은 상당히 적을 것이다'라고 추측할 때 사용한다.

V-る ＋ まい　〜하지 않을 것이다

＊ 동사 Ⅱ그룹과 Ⅲ그룹에는 복수의 접속 형태가 있다.

　食べる　→　食べるまい／食べまい

　する　　→　するまい／すまい／しまい

　来る　　→　来るまい／来まい／来まい

① 世界経済は状況から見て、すぐに好転することはあるまい。わが社も早急に対策を考えなければならない。

② どんなに生活習慣が変わっても、日本から畳の部屋がなくなることはあるまい。

③ 双方の利害が対立しているので、A国との貿易問題は容易には解決するまい。

④ 環境保護への関心は高まっているが、代替エネルギーの普及は簡単には進むまい。

やってみよう！

정답 별책 p.7

1) 彼は正直すぎるから、お客様に失礼なことを（a. 言うまい　b. 言いかねない）。

2) この天候では、明日の登山は

　（a. 中止するしかあるまい　b. 中止するわけではない）。残念だがしかたがない。

3） 今回の選挙で山口氏が落選することは（a．あるまい　b．あるわけではない）と、支持者は安心しているようだ。

4） 会社に対して特に不満が（a．あるまい　b．あるわけではない）が、通勤に２時間もかかるので転職したいと思っている。

「～まい」는 '절대 ~하지 않겠다, ~하지 말자'와 같이 강한 부정의 의지를 나타내는 용법도 있다.
① 有名レストランへ行ったが、そのサービスの悪さに二度と行くまいと思った。
② 彼女に振られた直後は、もう恋なんかするまいと思っていたが…。
③ お酒を飲みすぎて階段から落ちてから、もう二度とお酒は飲むまいと心に誓った。

☞ p.224 ～まい

94　乗客を見るにつけ

どう使う？

「～につけ…(～할 때마다…)」는 '무언가를 보거나 듣거나 할 때마다 언제나 …라고 생각한다'라고 말할 때 사용한다.

V-る ＋ **につけ**　～할 때마다

＊「暑いにつけ寒いにつけ(더울 때나 추울 때나)」와 같은 관용표현으로 '어떤 경우든'이라는 기분을 나타내는 경우도 있다.

① 電車の中で走り回る子どもたちを見るにつけ、家庭でしっかりしつけをしろと言いたくなる。
② 戦争の悲惨な体験を聞くにつけ、平和の大切さを痛感する。
③ 環境汚染のニュースを聞くにつけ、健康への影響に不安を感じる。
④ よいにつけ悪いにつけ、人はうわさ話をしたがるようだ。
⑤ 母は何かにつけ、心配して電話してくる。

95　混んでいるわりには　★★★

どう使う？

「この部屋は、広いわりに家賃が安い(이 방은 넓은 것에 비해서 집세가 싸다)」와 같이「~わりに…(~에 비해서…)」의 형태로, 예상 가능한 정도와 비교했을 때 자신이 생각했던 기준에서 벗어난 경우에 사용한다.

PI ＋ わりに　~에 비해서, ~보다
[なA だな　N だの]

① この料理は簡単なわりに豪華に見えるので来客のときによく作るんです。
② 彼女は映画が好きだと言うわりには、映画のことを知らない。
③ 祖父は年齢のわりに若く見える。
④ 安田さん、テニスが嫌いだと言っていたわりには、熱心に練習していますね。

やってみよう！　　정답 별책 p.7

1) このかばんは値段が手ごろなわりに、　・　・a) うまくスピーチができた。
2) 準備の時間があまりなかったわりには、　・　・b) たいしたけがもせず、よかったですね。
3) 大きな事故だったわりに、　・　・c) もうけは少なかった。
4) この1か月忙しかったわりに、　・　・d) 高級感があるし、使いやすそうだね。

Check

1) 「一生友達でいようね」と言っていた相手からメールの返事も来なくなってしまうのは悲しい_____。
2) このホテル、値段の_____、部屋もよくて料理も豪華で、すごくよかったね。
3) テクノ社が倒産したのは、技術さえあれば注文が減ることはある_____と考えていたからだと、関係者は述べている。
4) 会話が上手な友達を見る_____、自分も早く上手になりたいと思う。

| まい　　ものがある　　わりに　　につけ |

10 満員電車 (2)

エッセーを読む 에세이를 읽다

만원 전철 (2)

できること

● 에세이를 읽고, 필자의 생각이나 느낌을 이해할 수 있다.

본문 해석 보기

 49

次の駅が近づいてきた。前に座っている女子高生が、見ていた教科書をかばんにしまった。よし、今日は座るぞ。彼女が立つか立たないかのうちに、という態度を周りに示す。

しかしその子は全然立とうとしない。教科書をしまったのは文庫本を取り出すためだった。ああ、降りないのか。残念。周りを見ると、座っている人はみんな自由に好きなことをしている。2、3人で雑誌を見ながら楽しげにおしゃべりしている子たちもいる。そんな様子がくやしいやらうらやましいやら…。

駅に着いて乗客が降りた**かと思うと**、それ以上の人が乗り込んでくる。結局、立ったまま背中をぐいぐい押され、耐えているうちにまた次の駅に着く。

やはり満員電車はつらい訓練の場なのだ。

96　立つか立たないかのうちに ★

どう使う？

「〜か〜ないかのうちに…(〜하자마자…)」는 '하나의 동작이 완전히 끝나기도 전에 다른 일이 바로 발생한다'라고 표현하고 싶을 때 사용한다.

V-る / **V-た** ＋ か ＋ **V-ない** ＋ かのうちに　～하자마자, ～하기가 무섭게

＊ 같은 동사를 사용한다.

① 早食い選手権を見ていたら、選手たちは食べ物を口に入れたか入れないかのうちに、次の料理に手を伸ばしていた。
② 5時になるかならないかのうちに、彼はさっさと帰り仕度を始めた。
③ 早朝から開店セールに並んだ人たちはドアが開くか開かないかのうちに、どっと店内になだれ込んだ。

☞ p.220 ～うちに

97 楽しげにおしゃべりしている ★★

どう使う？

「～げ(～인 듯)」는「～そうだ(～인 것 같다)」와 같이, 보고 느낀 인상을 말할 때 사용한다. 기분을 나타내는 단어와 함께 사용되는 경우가 많다.

いA ╱
なA ╱ ＋ げ ～인 듯

* 「～げ」는 な형용사처럼 사용된다.
* 「さびしい(쓸쓸하다)・悲しい(슬프다)・楽しい(즐겁다)・不安(불안)・得意(잘함)・満足(만족)・～たい(~하고 싶다)」등의 단어와 함께 사용된다.

① プロジェクトメンバーは、誇らしげな表情で成功したことを報告した。
② 映画のラストシーンで、主人公がさびしげに微笑んだのが印象的だった。
③ 彼女はしかられている間、何か言いたげだったが、結局何も言わなかった。
④ 夏はやっぱり涼しげなワンピースがいいですね。

やってみよう！

정답 별책 p.7

1) 最近疲れ（a. げ　b. ぎみ）だから、休暇をもらって温泉へ行きたいなあ。
2) 交流会で学生たちが楽し（a. げ　b. ぎみ）に子どもたちとおしゃべりしている。
3) 鉄分が不足（a. げ　b. ぎみ）の方はレバーなどビタミンBをとるようにしてください。
4) プロジェクトメンバーから外されて、彼女は不満（a. げ　b. ぎみ）だった。

98　くやしいやらうらやましいやら

どう使う？

「AやらBやら(A하기도 하고 B하기도 하고)」는「AやBなど(A와 B 등)」「AたりBたり(A하거나 B하거나)」와 같은 의미로, 예를 들어서 여러 일이 겹쳐 복잡한 기분을 나타낼 때 사용한다. 또한 어느 쪽인지 단정할 수 없는 불확실한 상황을 나타내기도 한다.

[V-る₁ / いA₁ / N₁] ＋ やら ＋ [V-る₂ / いA₂ / N₂] ＋ やら　～하기도 하고 ～하기도 하고, ～와 ～등

① 部屋代やら、交通費やら、日本はとにかくお金がかかる。
② 酔った彼女は、泣くやら、わめくやら、手がつけられない状態だった。
③ 海で子どもを助けたことが新聞に載って、うれしいやら恥ずかしいやら…。

99　乗客が降りたかと思うと

どう使う？

상황이 갑자기 변했다는 것을 강조할 때 쓴다. 자신의 일을 설명할 때에는 쓰지 않는다.

V-た ＋ かと思うと　～하는가 싶더니, ～하자마자
　　　　 かと思ったら　～하는가 싶더니, ～하자마자

① 青空を飛んでいた鳥は突然海に潜ったかと思うと、魚を口にくわえて出てきた。
② 工場でドンと大きな音がしたかと思うと、真っ赤な火が燃え広がった。
③ 空が光ったかと思ったら、校庭の桜の木に大きな雷が落ちた。
④ この前、絵画クラブに入ったかと思ったら、今度はテニス部。妹はすぐ飽きてしまうようだ。

①

やってみよう！

1）部長は中国に出張していたかと思ったら、（　　　）。
　　a．今度はタイへ行くそうだ
　　b．本当に忙しい人だ

2）彼は会社に入ったかと思ったら、（　　　）。
　　a．仕事がまったくできない
　　b．もうやめてしまった

3）洋子は「ごちそうさま」と言ったかと思うと、（　　　）。
　　a．すぐ勉強を始めた
　　b．お腹がいっぱいになった

4）楽しみにしていたゲームソフトがやっと発売されたかと思ったら、（　　　）。
　　a．あっという間に売り切れてしまった
　　b．おもしろいゲームだといいなあ

Check

1）今年の冬はノロウイルス ＿＿＿＿＿ インフルエンザ ＿＿＿＿＿ で、欠席者が多かった。

2）タイ料理が注目を浴びた ＿＿＿＿＿＿、今度はベトナム料理。レストラン業界も変化が激しいね。

3）電話の向こうの彼女の声がなんだかさびし ＿＿＿＿＿ だ。何かあったのだろうか。

4）ホームにいる乗客が全員乗り終わる ＿＿＿＿＿ 終わらない ＿＿＿＿＿ のうちに、ドアが閉まり始めた。

| げ　　やら・やら　　かと思ったら　　か・か |

まとめの問題

정답 별책 p.17

問題 1 <문법 형식 판단>

次の文の（　　）に入れるのに最もよいものを1・2・3・4から一つ選びなさい。

1　ブレーキの音が聞こえた（　　）、突然トラックが店に飛び込んできた。

　　1　かと思ったら　　2　かのように　　3　といっても　　4　からといって

2　同じ失敗はくり返す（　　）と思っていても、ついやってしまうのが人間だ。

　　1　ことだ　　2　にすぎない　　3　まい　　4　まいか

3　入学以来成績がトップだった彼は、今回のテストで2位になって人生が終わってしまった（　　）落ち込んでいる。

　　1　かと思うと　　2　かのように　　3　限り　　4　わりに

4　梅を見に行ったが、名所と言われている（　　）、梅の木が少なくてがっかりした。

　　1　につけ　　2　ばかりでなく　　3　だけあって　　4　わりには

問題 2 <문장 완성>

次の文の ＿＿★＿＿ に入る最もよいものを1・2・3・4から一つ選びなさい。

1　お茶のいれ方など、＿＿＿　＿＿＿　＿★＿　＿＿＿ と思っていたが、きちんとした方法は意外に知らない人が多くて驚いた。

　　1　人は　　2　まい　　3　いる　　4　知らない

2　彼は他人に ＿＿＿　＿＿＿　＿★＿　＿＿＿ ので、みんなに嫌がられている。

　　1　甘い　　2　厳しい　　3　自分に　　4　わりに

3　みんなが ＿＿＿　＿＿＿　＿★＿　＿＿＿ 気になる。

　　1　話か　　2　楽しげに　　3　話していると　　4　何の

問題3 <글의 문법>

次の文章を読んで、文章全体の内容を考えて、 1 から 4 の中に入る最もよいものを、1・2・3・4から一つ選びなさい。

　　新米ドライバーの私 1 、カーナビは必需品だ。情報を入力すれば、地図と音声で目的地まで道案内をしてくれる。高速道路では料金を教えてくれるし、休憩を取った様子がないと「ちょっと休んだほうが…」と話しかけてくる。その声は本当に心配しているかのようだ。まさに有能な秘書だ。地図やらガイドブックやらたくさん抱えて車に乗り込み、ちょっと道を間違えただけで、ぶつぶつ言う彼女よりずっといい。だがその彼女もカーナビがあれば道に迷うことはある 2 と思っているらしく、地図を見ていた 3 、いつの間にか寝ていることもある。そうしたら、秘書と２人きりのドライブだ。静かでいいと思う反面、そのドライブにはどこかさびしい 4 。

| 1 | **1** として | **2** に対して | **3** に応じて | **4** にとって |

| 2 | **1** まい | | **2** ものがある |
| | **3** かのようだ | | **4** わけにはいかない |

| 3 | **1** かのうちに | **2** かと思ったら | **3** かのように | **4** わりには |

| 4 | **1** やら | **2** というものだ | **3** ものがある | **4** かと思う |

問題4 <청해>

1　この問題では、まず質問を聞いてください。そのあと、問題用紙の選択肢を読んでください。読む時間があります。それから話を聞いて、問題用紙の1から4の中から、最もよいものを一つ選んでください。

　　　1　体の大きさ
　　　2　住んでいるところ
　　　3　えさのとり方
　　　4　性格

🔊 50

2　この問題では、問題用紙に何も印刷されていません。まず、文を聞いてください。それから、それに対する返事を聞いて、1から3の中から、最もよいものを一つ選んでください。

1	1　2　3	🔊 51
2	1　2　3	🔊 52
3	1　2　3	🔊 53

10 満員電車

11 記事を読む 기사를 읽다
ラーメンの紹介
라면 소개

できること

● 잡지나 인터넷상 등의 소개 기사를 읽고 이해할 수 있다.

🔊 54

進化する日本食 ラーメンの魅力

　外国人に「日本料理で何が好きか」とたずねると、すしやてんぷらばかりでなく、「ラーメン」という答えが意外に多いのです。ラーメンは中国のめん料理を起源にしていると言われますが、外国人にとってラーメンは日本料理**にほかならない**のです。

　昔のラーメンは気軽に空腹を満たすもの**にすぎなかった**かもしれませんが、今ではラーメンは立派な料理です。ラーメンはめんやスープの作り方に工夫ができる**上**に、めんにのせる具にもバリエーションがつけやすいのです。そのため、ラーメン**といっても**、最近はイタリア料理のトマトソースを使ったもの、サラダ感覚で食べられるもの、スープのないものなど、様々なものがあります。ラーメンはしょうゆ**に限る**と言う人も、一度食べてみる価値があるのではないでしょうか。

　先日インターネットで話題になっているラーメン店に行ってみました。人気店**だけあって**、すごい行列でした。２時間待たされましたが、さすがにそのラーメンはスープ**にしろ**、具**にしろ**、その店独自の工夫がされていて、今までにない新しいものでした。日本料理の新ジャンルとしてのラーメンがこれからどんな進化をしていくのか、楽しみです。　　　（文：週刊ABK編集部）

ラーメンの様々なバリエーション

100　日本料理にほかならない ★

どう使う?

「〜にほかならない(바로 〜인 것이다)」는 '다름아닌 바로 그것이다'라고 단정할 때 사용하는 표현이다. '첫 번째 이유나 중요한 것 혹은 문제가 되는 것은 바로 〜이다'라고 강하게 말하고 싶을 때 쓴다.

N ＋ にほかならない　바로 〜인 것이다, 〜임에 다름없다, 〜그 자체이다

＊ 이유를 나타내는「から・ため」에 접속하여, 원인・이유・근거를 강조하는 표현이 된다.

① 今回のプロジェクトの成功は、チームワークの勝利にほかなりません。
② 政治の目的は国民の幸福にほかならない。
③ 事故を起こしたのは労働条件が厳しかったからにほかならないと、彼は裁判で主張した。
④ この国の人々が貧しくても笑顔で暮らしているのは、心の豊かさを大切にしているからにほかならない。

101　空腹を満たすものにすぎなかった ★★

どう使う?

「〜にすぎない(〜에 지나지 않다)」는「合格率は８％にすぎない(합격률은 8%에 불과하다)」와 같이, '단지 〜일뿐이다'를 설명하고 싶을 때 쓰인다. 그다지 가치가 없다고 생각할 때에도 자주 사용된다.

V-る ／ **V-た**
N　＋ にすぎない　〜에 지나지 않다, 〜에 불과하다

① この高校は２年前に男女共学になったが、男子学生はまだ10人にすぎない。
② 警察の仕事は人々の安全を守ることで、地域のパトロールはその１つにすぎません。
③ 世界人口の２割を占めるにすぎない先進国の人々が、CO_2の６割を排出していると言われている。
④ 人類は地球上の生物のわずか２％を発見したにすぎず、全ての生物を確認、分類するのは不可能だと言われているそうだ。
⑤ 違う国の人と交流するとき、言葉は１つの手段にすぎない。言葉がわからなくても気持ちを伝えることはできるはずだ。

やってみよう！

1) 締め切りは明日だから、徹夜してでも完成させる（a. にすぎない　b. しかない）。
2) これは私の希望（a. にすぎない　b. しかない）のですが、今回の成果が様々な研究に応用され、将来的に多くの人の役に立てばうれしいです。
3) 先生と呼ばれていても、ボランティアで日本語を教えている
　　（a. にすぎない　b. しかない）。
4) 酒の席は嫌だが、大事な取引先の招待だから、行く（a. にすぎない　b. しかない）。

102　工夫ができる上に ★★★

どう使う？

「このアルバイトは交通費が全額出る上に食事もついている(이 아르바이트는 교통비가 전액 나오는 데다가 식사도 제공된다)」와 같이, 상황이나 이유가 한 개뿐만 아니라 두 개 이상 있음을 나타낼 때 사용한다.

PI ＋ 上（に）　～한데다가
[**なA** だな　**N** だな]

＊「**なA** ／ **N** である＋上」의 형태도 있다.
＊ 명사에는 상태나 모습을 나타내는 단어가 사용된다.

① 先週は熱が40度も出た上に、下痢が止まらず、本当に大変でした。
② この道は下り坂でスピードが出やすい上に、夜間も交通量が多いので、十分注意してください。
③ この大学の食堂は値段が安くておいしい上に、メニューも豊富なので、地域の人にも愛されている。
④ 工事現場の仕事は危険がともなう重労働である上に賃金も低いので、どの現場でも人手不足になっているらしい。

やってみよう！

1) GDPを見ると、データ（a. 上は　b. の上に）豊かになってきているわが国だが、国民の生活水準は高いとは言えず、その向上が今後の課題だ。

2）職場の上司がアパートを紹介してくれた（a．上は　b．上に）保証人にもなってくれた。

3）書類（a．上は　b．以上）給料が20万円となっているが、実際には16万しかもらえなかったから、改めて契約について会社に聞いてみようと思っている。

4）外資系企業は給料が高い（a．上は　b．上に）、長期休暇も取れるが、仕事が厳しいと言われている。

☞ p.220　〜上／上

100〜106

103　ラーメンといっても ★★★

どう使う？

「会社といっても妻と2人でやっている小さい会社です(회사라고는 해도 아내와 둘이서 하는 작은 회사입니다)」와 같이, 상대가 상상한 것에 대해서 실제로는 그렇지 않다고 말하고 싶을 때 사용하는 표현이다.

PI ＋ [といっても　〜라고는 해도
といいましても　〜라고는 해도]

＊「**なA／N**＋といっても」의 형태도 있다.

① 1世帯といっても、一人暮らしの人から10人以上の大家族までいろいろある。

①

② A：夏休み、北海道に行ったんでしょう。うらやましいなあ。

　B：行ったといっても、4日だけですからあまりいろいろなところへは行けなかったんですよ。

③ A：あれ？　雨が降ったの？　気がつかなかった。

　B：うん。降ったといっても30分ぐらいだったけど。

④ A：来月の富士山日帰りバスツアーは席がまだありますか？

　B：はい、まだございますが、あるといいましても、残りわずかですので、お早めにご予約ください。

⑤ A：あの店、CDが安いんだって？

　B：まあね。安いといっても10%だけどね。

やってみよう！

정답 별책 p.7

1) アルバイト店員といっても、（　　　）。
   a．店長と同じぐらい働いています
   b．給料が安いです
   c．一生懸命働きません

2) A：来週、この地域の集会があるんですが、一緒に行きませんか。地域の集会といっても、（　　　）。
   B：そうですか。じゃ、私も参加してみます。
   a．難しい話ばかりしていますから
   b．お菓子を食べながら話し合う気楽な会ですから
   c．会長をしていますから

3) A：風邪だって？　大丈夫？
   B：大丈夫だよ。風邪っていっても（　　　）。
   a．病院へ行ってきたから
   b．学校を休んだから
   c．熱はないんだから

104　ラーメンはしょうゆに限る

どう使う？

「～に限る（～하는 것이 제일이다）」는 '절대적으로 ～이 가장 좋다'라는 자신의 생각을 나타낸다.

V-る ／ V-ない ／ N ＋ に限る　～하는 것이 제일이다, ～이 제일이다

① 運動の後は、はちみつとレモンのジュースに限る。
② 雨の日は家で音楽でも聞きながら、のんびりするに限る。
③ 危険なところへは近づかないに限る。
④ 嫌なことは忘れるに限りますよ。

☞ p.223　～に限る／限り

105　人気店だけあって

どう使う？

「〜だけあって(〜인 만큼)」는 '특별한 이유가 있어 그에 걸맞는 값어치를 한다'라고 말하고 싶을 때 사용하는 표현이다.

V-る ／ V-た ／ V-ている
いA
なA　な
N　（な）

　＋　だけあって　〜인 만큼, 〜이기 때문에
　　　だけに　〜인 만큼, 〜이기 때문에

＊「なA／N である＋だけあって」의 형태도 있다.
＊ 명사에 상태나 모습을 나타내는 단어가 사용될 때에는「な」가 붙는다.

① この町は文化遺産に登録されているだけあって、住民の環境保護に対する意識も高い。
② このタオル、高いだけあって肌ざわりがすごくいいんだ。
③ さすが国が誇る美術館だけに世界的に有名な画家の作品も数多い。
④ ドイツの高級車だけに高速道路を走ったときの安定感はすばらしい。

「〜だけに(〜인 만큼)」는 감각적으로 '〜하기 때문에, 더욱 더 …이라고 느낀다'를 표현하고 싶을 때에도 쓰인다.
① 今年は猛暑なだけに、ビールがいっそうおいしく感じられる。
② 新しいクラスに入って緊張していただけに、隣の人の親切がうれしかった。
③ 入社以来、会社に貢献できていなかっただけに、今回開発した商品がヒットしたのはうれしかった。

やってみよう！

1) さすが彼は一流大学を出ている（a. だけあって　b. だけで　c. だけ）、知識が豊富だ。
2) 食べ放題は好きなものを食べたい（a. だけあって　b. だけで　c. だけ）食べられるので、クラスの友達と集まるときはいつも食べ放題の店だ。
3) こちらは新しい化粧品で、これ（a. だけあって　b. だけで　c. だけ）お肌が美しくなります。

4）佐藤さんはまじめにがんばっていた（a．だけに　b．だけで　c．だけ）今回の失敗が相当ショックだったようだ。

5）最近はお湯を入れる（a．だけに　b．だけで　c．だけ）食べられる便利な食品が増えた。

 p.222 ～だけ

106　スープにしろ具にしろ　★★

どう使う？

「～にしろ(～이든)」는 어떠한 범위 내에 있는 것 중에 예를 들어, '～뿐만 아니라 어느 것이라도'라고 말하고 싶을 때 사용된다.「いい(좋다)・悪い(나쁘다)」「好き(좋아하다)・嫌い(싫어하다)」「する(하다)・しない(안 하다)」「出席する(출석하다)・欠席する(결석하다)」등 반대의 의미의 단어를 사용하여 '그 어느 경우든'이라고 말하고 싶을 때에도 사용된다.

PI ＋ ⎡ にしろ　　⎤ ＋ PI ＋ ⎡ にしろ　 ～(이)든 ～(이)든 ⎤
　　 ｜ にしても ｜　　　　　 ｜ にしても ～(이)든 ～(이)든 ｜
　　 ⎣ にせよ　　⎦　　　　　 ⎣ にせよ　 ～(이)든 ～(이)든 ⎦
[なA だ　N だ]

＊「なA／Nである＋にしろ」의 형태도 있다.

① 東京にしろ大阪にしろ大都市には働く場所が多いので人が集まってくる。
② 大学院で研究しようと思ったら、理系にしても文系にしても、英語力は絶対必要だよ。
③ 招待状をもらったら、出席するにせよ、欠席するにせよ、必ず期日までに返事を出すのが礼儀だ。
④ 好きにしろ、嫌いにしろ、健康のために野菜は毎日とらなきゃだめだよ。

「〜にしろ(〜이든)」가 의문사와 함께 하나만 사용되는 경우도 있다.
① 海外旅行中はどこに行くにしろ、パスポートを持って歩かなければならない。
② 試験の結果がどうなるにせよ、今は精一杯の努力をするだけです。
③ 九州でも北海道でもいいけど、年末は飛行機の予約が取りにくいから、いずれにしろ行き先を早く決めないと間に合わなくなるよ。

やってみよう！

정답 별책 P.7

1) 隣の家は、犬（a. やら　b. にしろ）、猫（a. やら　b. にしろ）、様々なペットを飼っている。

2) 犬（a. やら　b. にしろ）、猫（a. やら　b. にしろ）、このアパートではペットを飼うことができない。

3) 何を買う（a. にしろ　b. につけ）、本当に必要かどうかよく考えてから買いなさい。

4) 昔の友達との写真を見る（a. にしろ　b. につけ）いたずらばかりしていたことを懐かしく思い出す。

Check

1）日本は物価が高い＿＿＿＿＿＿、全部高いわけではなくて、安いものもありますよ。
2）どんな事情がある＿＿＿＿＿＿、犯罪は許されない。
3）京都は、昔、都だった＿＿＿＿＿＿、古い文化が今も残っている。
4）彼は英語・中国語など4か国語が使える＿＿＿＿＿＿、海外勤務の経験もあるので、わが社にとって貴重な人材だ。

上に　　といっても　　にしろ　　だけに

5）ネットで見つけた画像を無断で転載するのは犯罪行為＿＿＿＿＿＿。
6）外国旅行は団体で行く＿＿＿＿＿＿よ。言葉の心配もないし、短時間でいろいろなところへ行けるから。
7）リサイクルはごみを減らすための1つの方法＿＿＿＿＿＿。ごみを減らすのではなく、ごみが出ないようにすることも考えるべきだ。

に限る　　にすぎない　　にほかならない

まとめの問題

問題1 <문법 형식 판단>

次の文の（　）に入れるのに最もよいものを1・2・3・4から一つ選びなさい。

1. 私の町は気候が温暖な（　　）、海の幸も山の幸も豊富で暮らしやすい。
   1. のに　　　2. 上は　　　3. 以上　　　4. 上に

2. 食べ物を売る店は、どんな店（　　）衛生管理をきちんとしなければならない。
   1. にしては　2. にしろ　　3. につけ　　4. ばかりか

3. このりんごは生産者の皆さんが自慢する（　　）、味も香りも抜群ですね。
   1. にしても　2. といっても　3. だけあって　4. 上に

4. 被災地でボランティアをした（　　）、たった1日だけですから…。
   1. ばかりでなく　2. というのに　3. というより　4. といっても

5. 普通の社員（　　）私の意見など、経営陣は聞いてくれないと思うんです。
   1. に限る　　2. にすぎない　3. にしても　4. といっても

6. 外国語を勉強するならその国に留学する（　　）と私は思う。
   1. に限る　　　　　　　2. にほかならない
   3. にすぎない　　　　　4. ばかりだ

問題2 <문장 완성>

次の文の ___★___ に入る最もよいものを1・2・3・4から一つ選びなさい。

1. IT企業 ____ ____ ★ ____ ではありません。
   1 社員は　　2 といっても　　3 理系出身者　　4 ばかり

2. 彼女は今 ____ ____ ★ ____ テレビにも出ている。
   1 よく　　　　　　　　2 バイオリニスト
   3 注目の　　　　　　　4 だけあって

3. 若年化する青少年犯罪の防止策は ____ ____ ★ ____ 問題だ。
   1 ばかりでなく　2 学校　　3 社会全体で　　4 考えるべき

4. 宇宙から地球を見ると、国境など地図上に ____ ____ ★ ____ と実感する。
   1 にすぎない　　2 書かれた　　3 単なる　　4 線

問題3 <독해>

次の文章を読んで問題に答えなさい。後の問いに対する答えとして最もよいものを、1・2・3・4から一つ選びなさい。

　先日、ある企業コンサルティング会社の研修に参加した。研修の初めにいきなりキャンディが配られた。確かに今回の研修はお菓子業界に関係があるものだし、女性の参加者も多い。時間も少しお腹が空いてくる「おやつ」の時間だ。しかし、まじめな気持ちで研修に参加している私は、キャンディにしろチョコレートにしろ、大人がこのような場で口にするものではないと少々不快に思った。
　ほかの参加者を見ると、女性ばかりでなく、男性も口に入れている。主催者側の人に勧められ、しかたなく私もキャンディを口に入れた。すると、疲れてボーッとしていた頭がすっきりした。周りを見ると、初対面の緊張がほぐれたのか、知らない人同士が和やかに話を始めているではないか。
　それを見て、この研修で「おやつ」が出されている意味がわかった。最近話題の企業コンサルティング会社の研修だけあって、「おやつ」をうまく取り入れていると思った。

企業コンサルティングの会社は研修でどうして「おやつ」を出すのだと筆者は考えましたか。

1 お腹が空く時間に行われるから
2 甘いものが好きな女性の参加者が多いから
3 体にも心にもいい効果があるから
4 お菓子業界の宣伝の意味もある研修だから

問題4 <청해>

この問題では、まず質問を聞いてください。そのあと、問題用紙の選択肢を読んでください。読む時間があります。それから話を聞いて、問題用紙の1から4の中から、最もよいものを一つ選んでください。

1
1 希望の大学は競争率が高いこと
2 試験のとき、練習したことを全部忘れること
3 練習をしなかったこと
4 練習と違う質問をされること

🔊 55

2
1 高校の先生になってほしいと思っている
2 自分で決めてほしいと思っている
3 野球部の監督になってほしいと思っている
4 プロ野球の選手になるのに反対している

🔊 56

12 ウォーキングシューズの開発 (1)

ビジネス場面の会話　비즈니스 상황 속의 대화

워킹슈즈의 개발 (1)

できること

● 회의에서 설명하거나 의견을 말할 수 있다.

본문 해석 보기

🔊 57

川口：今度、ミズノから「軽くて疲れない靴」が発売される**とか**…。

山下：軽量化という業界の流れ**にそって**、新製品が開発されていますからね。わが社もウォーキングシューズ**にかけては**、実績がありますが、違った視点で開発し**ないことには**新しいお客さんは獲得できないですよね。

川口：ウォーキングシューズというと、見た目より歩きやすさを重視し**がち**ですけど、女性としては、やっぱり買うときの決め手はデザインですね。歩きやすい靴がほしいと思い**つつも**、デザインを優先してしまう人が多いと思うんです。

山下：女性ですからね。

107　発売されるとか　★★

どう使う？

「～とか言っていた(～라고 하던데)」의 형태로 들은 정보를 말할 때 쓴다. '확실한 정보는 아니지만 ～라고 하던데'라는 뉘앙스로 사용하는 경우가 많다. 「言っていた」를 생략하는 경우도 있다.

PI ＋ とか　～라고 하던데, ～라던데

① 息子さんが今度結婚なさるとか。おめでとうございます。
② A：山田さん、今日休み？
　　B：さっき電話があって、熱があるとか。大丈夫でしょうか。
③ 今年は花火大会、中止だとか。本当ですか。
④ え！ 今日ハイキングに行くの!? テレビで台風が来るとか言ってたよ。
⑤ 天気予報によると、来週は暑さが厳しいとか。熱中症に注意が必要ですね。

やってみよう！

정답 별책 P.7

（A）今年のゴールデンウィークは円高の影響で海外に行く人が多いとか。うらやましいですね。

（B）彼女はチョコレートとか、甘いものが大好きです。

例　今年の冬は寒さが厳しいとか。嫌ですね。
　　　　　　　　　　　（ A ）

1）佐藤さんのおばあちゃんは75歳で山登りがご趣味だとか。お元気ですね。
　　　　　　　　　　　　　　　　　　　　　（　　）

2）駅前にうちと同じような焼き肉屋ができるとか聞いたんですけど、うち、大丈夫ですかね。
　　　　　　　　　　　　　　　　　（　　）

3）休みの日にスポーツをするなら、ゴルフよりジョギングとかのほうがいいですよ。お金もかからないし。
　　　　　　　　　　　　　　　　　　　　　（　　）

4）部長：吉田君はまだ来てないの？
　　小林：さっき電話があって、今日は取引先に寄ってから来るとか。
　　　　　　　　　　　　　　　　　　　　　　　　（　　）

5）中村君、アメリカに転勤するとか言ってたけど、引っ越しとか大変だろうね。
　　　　　　　　　　　　（　　）　　　　　（　　）

☞ p.223 〜とか

108　業界の流れにそって

どう使う?

「〜にそって(〜에 따라)」는 '〜대로, 〜에 맞추어'라는 의미로 쓰인다.

N ＋ [にそって / にそう / にそった] ＋ N
- にそって　〜에 따라, 〜을 따라, 〜에 부응해서
- にそう　〜에 따르는, 〜에 부응하는
- にそった　〜에 따른, 〜에 부응한

＊「マニュアル(매뉴얼)・方針(방침)・案内(안내)・道順(길 순서)」등의 단어와 함께 사용된다.
　「希望(희망)・要望(요망)・意向(의향)・期待(기대)＋にそうよう(〜에 부응하도록)」등의 표현도 있다.

① 2人は夕暮れの道を川にそって歩き続けた。
② お客様への対応はマニュアルにそって行うこと。
③ 今度の展覧会では「平和」というテーマにそった作品を展示しています。
④ 国民の皆様のご期待にそうよう、努力いたします。

やってみよう!

정답 별책 P.7

1) 都市開発計画にそって、(　　　)。
　　a. 道路や公園が作られた
　　b. 住民が反対した

2) このレシピにそって作っていけば失敗しないはずですから、(　　　)。
　　a. レシピを見ないでください
　　b. ちゃんと順番通りに作ってください

3) お配りした資料にそって、ただ今からご説明いたします。それでは(　　　)。
　　a. まず1ページ目をご覧ください
　　b. ご自由にご意見をおっしゃってください

109　ウォーキングシューズにかけては

どう使う?

「〜にかけては(〜에 있어서는)」는 '〜의 분야에서는'이라고 범위를 한정하여, 그 분야에서는 '최고 레벨이다・자신이 있다' 등을 표현할 때 쓰인다.

N ＋ にかけては　～에 있어서는, ～만큼은

① 日本酒造りにかけては彼の右に出る者はいない。
② コンピューターの知識にかけては誰にも負けないつもりだ。
③ 伊藤君は勉強も一番だが、走ることにかけてもクラスで一番だ。

やってみよう！
정답 별책 P.8

1) この大学は就職率の高さにかけては（　　　）。
   a．全国トップレベルだ
   b．１年生のときからアドバイスしている
2) 彼は映画俳優だが、ピアノの演奏にかけても（　　　）。
   a．興味を持っている
   b．すばらしい才能を持っている
3) 日本の製造業は、小さくて性能のいい機械を作ることにかけては（　　　）。
   a．最も実績がある
   b．がんばるつもりだ
4) 歌のうまさにかけては、（　　　）。
   a．山田君がクラスで一番だ
   b．声の大きさが大切だ

☞ p.224 ～にかけて

110　開発しないことには　★★★

どう使う？

「～ないことには…(～하지 않고서는…)」는 '～하지 않으면 할 수 없다/모른다'라고 말하고 싶을 때 쓰인다.

V-ない ＋ ないことには　～하지 않고서는, ～하지 않으면

＊「**N**＋が＋ないことには」의 형태도 사용된다.

① A：ここに若干名募集って書いてあるけど、何人ぐらい採用するのかなあ。
　　B：問い合わせてみないことには、詳しいことはわからないよ。
② もっと広い会場を借りないことには、観客を収容しきれないだろう。

③ 使っていただかないことには、この商品のよさはご理解いただけないので、サンプルをご用意させていただきました。
④ マーケティング調査をしないことには売れる商品は開発できない。
⑤ 田舎では、車がないことには生活できない。

やってみよう！

정답 별책 P.8

1) 道路を整備しないことには、　・　・ a) 成績は上がらない。
2) 予算が取れないことには、　　・　・ b) 新商品開発の企画は進められない。
3) みんな無理だと言うけど、やっ・　・ c) 観光客はこの町まで来てくれないだろう。
   てみないことには、
4) 親が心配しても、本人がやる気・　・ d) だめかどうかわからない。
   にならないことには、

☞ p.221 〜こと

111　歩きやすさを重視しがちです ★★

どう使う？

「〜がち(자주 〜하다)」는「忘れがち(곧잘 잊음)・病気がち(병치레가 잦음)」와 같이 '자주 〜하는 경향이 있다'라고 말할 때 사용한다. 상태, 모습을 나타내는 관용적인 표현도 있다.

V-ます
N　　＋がち　자주 〜하다, 〜하기 십상이다

「休む(쉬다)・思う(생각하다)・考える(생각하다)・心配する(걱정하다)・留守(부재중)」 등의 단어와 함께 사용된다.

① 日本人は自分の意思をはっきり言わないので誤解されがちだ。
② 普段の食生活で不足しがちなカルシウムを補うには魚の缶詰がいいそうです。
③ 祖母は病気がちの母の代わりに私たち兄弟の世話をしてくれた。
④ 初めて会ったとき、鈴木君は遠慮がちに私の電話番号を聞いた。
⑤ 彼は差し出された手紙を戸惑いがちに受け取った。

やってみよう！

1) コンビニへ行くと余計なものまで買ってしまいがちなので、
2) 親は子どものすることに口を出しがちだが、
3) 人は水のありがたさを忘れがちだが、
4) 外食では栄養が偏りがちなので、

- a) 私は砂漠へ行って、改めてその大切さに気づいた。
- b) 1回の買い物は500円までと決めています。
- c) 最近健康のことを考えて自炊する人が増えている。
- d) それでは子どもが自立できない。

112　ほしいと思いつつも

どう使う？

「～つつも（～하면서도）」는 「たばこは体に悪いからやめようと思いつつも、つい吸ってしまう(담배는 몸에 해롭기 때문에 끊으려고 생각하면서도, 그만 피워 버리고 만다)」와 같이, '～하고 있지만, 실제로는 좋지 않은 일을 하고 만다'라는 기분을 나타낸다.

V-ます ＋ つつも　～하면서도

＊「も」를 생략한「～つつ」의 형태로도 자주 사용된다.

① チョコレートを食べたらにきびが増えると知りつつも、つい手が伸びてしまうんです。
② 「にせものでは…？」と疑いつつも、安さにひかれて買ってしまった。
③ 早く寝ようと思いつつ、ゲームがやめられなくて、夜が明けてしまった。
④ 今日こそ歯医者に行かなければと思いつつ、忙しくて行けなかった。

☞ p.223 ～つつ

Check

1) 最近、学校、休み＿＿＿＿＿＿＿＿だけど、体調悪いの？
2) アスクホームズは不動産売買＿＿＿＿＿＿長年の実績があるので、信頼できるだろう。
3) A：Bさん、入院なさっていた＿＿＿＿＿＿。もう、大丈夫ですか。
   B：はい、おかげさまで。
4) 許可が下り＿＿＿＿＿＿留学できませんよ。
5) この組み立て方の手順＿＿＿＿＿＿やれば、初心者でも簡単に組み立てられます。
6) 買っても当たらないと思い＿＿＿＿＿＿、毎回宝くじを買っている。

| にかけては　　つつも　　とか　　にそって　　ないことには　　がち |

12 ウォーキングシューズの開発 (2)

ビジネス場面の会話 비즈니스 상황 속의 대화

워킹슈즈의 개발 (2)

できること
● 회의에서 설명하거나 의견을 말할 수 있다.

川口：ええ。だから新商品を作る**としたら**、ファッション性も重視しないと。

山下：おしゃれで、疲れない靴ということですよね。

川口：ええ。作る以上は、今までにないものを作りたいですね。

山下：デザイン次第で、ヒット商品になりますよ。

川口：この業界も競争が厳しくなる一方ですけど、ニーズに合った商品なら絶対売れますよね。

山下：それじゃ、新製品の開発に先立って、アンケート調査が必要になりますね。

川口：そうですね。市場調査をした上で、若い社会人の声にこたえた「見た目もよくて機能性抜群」の商品を考えましょう。

113　新商品を作るとしたら　★★★

どう使う？

「〜としたら…(〜라고 한다면…)」는 '만약 〜라고 가정한다면…'이라는 의미로 자신의 의견이나 예상을 말하고 싶을 때 쓴다.

PI +
- としたら　〜라고 한다면
- とすると　〜라고 한다면
- とすれば　〜라고 한다면

① もし、生まれ変われるとしたら、私は鳥になりたい。
② 家を買うとしたら、郊外の庭付きの一戸建てがいい。
③ A：警部、犯人が持っていた絵はにせものだったそうですよ。
　　B：うーん。盗まれた絵がにせものだったとすれば、本物は誰が持っているのだろう？
④ A：山田さん、来週は出張で講英社の出版記念パーティーに出られないんだって。
　　B：困ったな。山田さんが出席できないとすると、誰かに代わりに行ってもらわなきゃ。

やってみよう！
정답 별책 p.8

1) A：伊藤さんの結婚祝い、（a．あげるとしたら　b．あげたら）何がいいかな？
　　B：何でもいいんじゃない？ 私はデパートで見つけたかわいい食器を送ったけど…。
2) 先週の日曜日、映画を見に（a．行くとしたら　b．行ったら）先生も来ていて、びっくりした。
3) 彼と映画を見に（a．行くとしたら　b．行ったら）、ロマンチックな映画よりホラー映画がいい。
4) 10時までに（a．来ないとしたら　b．来なかったら）、先に出発しますから、あとから来てください。

114　デザイン次第で ★

どう使う？

「忘年会は予算次第で5つのコースから選べる(송년회는 예산에 따라 5개의 코스에서 고를 수 있다)」와 같이, '～에 따라서 결정되는 것'을 표현할 때 사용한다.

N ＋ 次第　～에 따라, ～에 달려 있다

① 登山ルートは天候次第で変更する場合もありますので、ご了承ください。
② 今度の審査の結果次第で、国から研究資金がもらえるかどうか決まる。
③ 世の中は金次第だと言われるが、お金では買えないものもある。
④ 工事開始時期がいつになるかは、発注した材料の納期次第だ。

p.222 ～次第

115 厳しくなる一方です

どう使う？

「～一方(점점 더 ～해짐)」는 「景気が悪くなる一方だ(경기가 점점 더 나빠지고 있다)」와 같이, 어떠한 일의 상황 변화가 한 방향으로 점점 진행되고 있는 것을 나타낼 때 쓰는 표현이다.

V-る ＋ 一方 점점 더 ～해짐, ～하기만 함

＊ 변화를 나타내는 동사가 사용된다.

① ここは静かな町だったのに、テレビで紹介されて以来、観光客が増える一方だ。
② 風雨は強まる一方で、漁に出た漁船がまだ帰らず、関係者は心配している。
③ グローバル化が進んで、語学力の必要性は高まる一方だ。

やってみよう！   정답 별책 p.8

例1 彼女は歌手として活躍する一方、最近、映画にも出始めた。
　　　　　　　　　　　(A)
例2 不況で収入が減る一方だ。
　　　　　　(B)
1) 政治家の汚職事件が続き、政府に対する信頼は薄れる一方だ。
　　　　　　　　　　　　　　　　　　　　　　(　　)
2) 新製品の紹介のために、インターネットで広告を流す一方で、直接店頭でサンプルの手渡しも行っている。　　　　(　　)
3) 物価が上がる一方で、留学生の生活も大変だろうと思う。
　　(　　)

 p.220 ～一方

➕ Plus

～ばかり ★★

「**V-る** ＋ばかり(～하기만 할 뿐)」도 같은 의미로 사용된다.

① 円高が進んで、景気が悪くなるばかりだ。
② 部屋代、学費、生活費と出費は増えるばかりだ。

☞ p.224 ～ばかり

116 開発に先立って

どう使う？

「~に先立って(~에 앞서)」는 '특별한 일을 하기에 앞서 어떤 일이 행해진다'라고 서술할 때 사용하는 표현이다.

N ＋ ┌ に先立って　~에 앞서
　　　│ に先立ち　~에 앞서
　　　└ に先立つ ＋ N　~에 앞선

① レストランの開店に先立って、試食会が開かれた。
② 新しい機械の導入に先立ち、工場内で説明会が行われた。
③ 舞台公演に先立つ公開リハーサルに多くの報道関係者が集まった。

やってみよう！

정답 별책 p.8

1) 国王の来日（a．に先立って　b．につれて）警備体制が見直された。
2) 入社試験（a．に先立つ　b．にわたる）会社説明会に1,000人が集まった。
3) 台風の接近（a．に先立って　b．にともなって）風雨が強くなった。
4) 交通機関の発達（a．に先立って　b．とともに）人々の行動範囲も広がっていった。

117 市場調査をした上で

どう使う？

「~上で(~한 후에)」는 「~してから(~하고 나서)」와 같은 의미로 사용한다. 단, 일상적인 화제에는 사용하지 않는다.

V-た ┐
N の ┘ ＋ ┌ 上で　（우선) ~한 후에
　　　　　└ 上（で）の ＋ N　~한 후의

① 駅前の再開発については、住民の皆さんの意見をまとめた上で、市に要望書を提出したいと思います。
② 卒業後の進路は家族とよく相談した上で、決めたいと思います。
③ 契約書の内容をご確認の上、こちらに署名と印鑑をお願いいたします。

④ 来年度の留学生の受け入れに関しては、十分検討した上で結論を出したいと思います。

やってみよう！　　　　　　　　정답 별책 P.8

1) A：食事、どうする？
   B：ゆっくり食べたいから、映画を見た（a．上で　b．後で）食事しようよ。
2) どんな仕事につくかはよく考えた（a．上で　b．あげく）決めたほうがいいですよ。
3) 担当の者とよく相談した（a．上で　b．きり）後日、お返事させていただきます。
4) 調べた（a．上で　b．限り）当社の製品には構造上の欠陥はありませんでした。

☞ p.220 〜上／上

118　社会人の声にこたえた ★★

どう使う？

「〜にこたえて（〜에 부응하여）」는 '상대방으로부터의 기대나 요청대로'라는 의미를 나타낸다.

N + ┌ にこたえて　〜에 부응하여
　　└ にこたえた ＋ N　〜에 부응한

* 「期待(기대)・要望(요망)・要請(요청)・アンコール(앙코르)・リクエスト(리퀘스트, 요청)・声援(성원)・声(목소리, 의견)」 등의 단어와 함께 사용된다.
* 「ご N ＋におこたえして（〜에 부응해서）」의 형태도 있다.

① そのアイドルはコンサートの最後にアンコールにこたえてもう1曲歌った。
② 地域住民の要望にこたえて、循環バスの経路を変更することにした。
③ ワールドカップで大川選手はサポーターの声援にこたえて大活躍した。
④ 皆様のご要望におこたえして、営業時間を午後11時までといたしました。

やってみよう！　　　　　　　　정답 별책 P.8

1) このドラマは、もう一度見たいという視聴者の声（a．にこたえて　b．に応じて）再放送されることになった。
2) 本田君は部長の期待（a．にこたえて　b．に応じて）今月トップの業績を上げた。
3) 高級な寿司屋はその日の魚の仕入れ値（a．にこたえて　b．に応じて）値段を決めている。

Check 📖

정답 별책 P.8

1) ごみ焼却場の移転については、十分に議論した _____ 決めていただきたい。

2) こちらの商品は、「品質のよいものをできるだけ安く」という消費者のニーズ _____ 、開発された新製品です。

3) ビルの解体工事 _____ 、近隣住民への説明会が開かれた。

4) A：時間があれば、そちらに伺いたいと思っているんですが…。
　　B：いらっしゃる _____ 何時ごろになりますか。

5) この仕事を引き受けるかどうかはあなたの気持ち _____ です。

6) 就職したらお金を貯めて海外旅行に行きたいと思ったが、長い休みが取れず、夢は遠ざかる _____ だ。

| に先立って　　次第　　一方　　としたら　　上で　　にこたえて |

まとめの問題

정답 별책 P.18

問題 1 <문법 형식 판단>

次の文の（　　）に入れるのに最もよいものを1・2・3・4から一つ選びなさい。

1　甘いものはつい食べすぎてしまい（　　）ですが、健康を考えるとあまり食べないほうがいいでしょう。

　1　がち　　　2　げ　　　3　しだい　　　4　たい

2　性能がいいと言われても、実際に（　　）ことには本当にいいかどうかわからない。

　1　売ってみる　　2　売ってみない　　3　使ってみる　　4　使ってみない

3　工場建設（　　）、部長は打ち合わせのためにロシアへ向かった。

　1　において　　2　に先立って　　3　にわたって　　4　につけ

4　もし明日死ぬ（　　）今日1日何をして過ごしたいですか。

　1　としたら　　2　ことなく　　3　上で　　4　ものの

5　私はケーキ作り（　　）誰にも負けないと思っている。

　1　にともなって　　2　に先立って　　3　にしたがって　　4　にかけては

6　卒業式はこのプログラム（　　）行いますので、よろしくお願いします。

　1　に先立って　　2　とともに　　3　にそって　　4　に関して

7　商品の価格は、売れ残りなどのリスクを考えた（　　）設定されるものである。

　1　としたら　　2　上で　　3　にすぎず　　4　わりに

8　この地域は水不足で、砂漠化が進む（　　）。

　1　ことはない　　　　　　2　というものだ
　3　一方だ　　　　　　　　4　わけにはいかない

問題2 <문장 완성>

次の文の ___★___ に入る最もよいものを1・2・3・4から一つ選びなさい。

1 彼は ____ ____ ★ ____ と言われている。
    1 笑わせること　2 にかけては　3 人を　4 天才だ

2 悩みを ____ ____ ★ ____ しようがない。
    1 アドバイスの　2 相談されても　3 わからないことには　4 詳しい事情が

3 有給休暇は ____ ____ ★ ____ 申請してください。
    1 上司の　2 得た　3 上で　4 許可を

問題3 <글의 문법>

次の文章を読んで、文章全体の内容を考えて、 1 から 4 の中に入る最もよいものを、1・2・3・4から一つ選びなさい。

　最近、健康にいいと言われる食品や栄養補助食品だけを食べる「偏食症」が急増しています。本人は体にいいものを食べていると思っているので、まったく危機感がないのが特徴です。野菜ジュースや納豆は「体にいい」から、それさえ食べれば健康に生活できると思い 1 です。でも「体にいい」と信じてそれだけを食べている 2 、大きな間違いです。
　健康を気にする人のニーズ 3 様々な栄養補助食品が売られたりしていることもその原因の1つかもしれませんが、栄養のバランスを考えた 4 本当に体によい食事をとるようにしましょう。

1   1 きり　2 げ　3 がち　4 かけ

2   1 ばかりで　2 かのように　3 だけあって　4 としたら

3   1 にこたえて　2 に先立って　3 としたら　4 にかけては

4   1 としたら　2 次第で　3 上で　4 かと思うと

問題4 <청해>

1 この問題では、まず話を聞いてください。それから二つの質問を聞いて、それぞれ問題用紙の1から4の中から、最もよいものを一つ選んでください。

1
1 日本以外の国でも魚がよく食べられていること
2 マグロやサケなどは人気があること
3 日本人が昔から様々な魚を食べてきたこと
4 いろいろな種類の魚を食べるべきだということ

🔊 59

2
1 マグロの値段が上がっているため
2 マグロの数が減っているため
3 海の生き物のバランスを取るため
4 小さい魚がえさになるため

2 この問題では、問題用紙に何も印刷されていません。この問題は、全体としてどんな内容かを聞く問題です。話の前に質問はありません。まず話を聞いてください。それから、質問と選択肢を聞いて、1から4の中から、最もよいものを一つ選んでください。

　　　　1　2　3　4

🔊 60

3 この問題では、問題用紙に何も印刷されていません。まず、文を聞いてください。それから、それに対する返事を聞いて、1から3の中から、最もよいものを一つ選んでください。

1　1　2　3

🔊 61

2　1　2　3

🔊 62

12 ウォーキングシューズの開発　187

13 人生の転機（1）
ストーリーを読む　스토리를 읽다
인생의 전환기 (1)

できること
- 스토리 전개를 따라 읽을 수 있다.
- 등장인물의 심정을 이해할 수 있다.

본문 해석 보기

🔊 63

「課長昇進の話はなかっ**たことにする**」と部長に告げられたのは3か月前だった。自分では精一杯がんばっ**たつもり**だったが、プロジェクトに失敗し、大きな損害を出したのが原因だ。出社しても、毎日がつらく**てならなかった**。できる**ものなら**、違う世界へ行ってしまいたいと思いながら、日々を過ごしていた。

蒸し暑いある晩、俺は散歩していた。住宅もほとんどない真っ暗な道を歩いていると、向こうの一軒屋の2階の窓に明かりが見えた。
「あれ？確かあそこは空家のはずだ」不審に思いつつ近づいていくと、突然「キャー」という若い女性の悲鳴が聞こえた。そして男女の争う声。「やめて！」「うるさい！黙れ！」
もしかして、事件か。こんなときに限って、携帯をうちに置いてきてしまった。行**こうか行くまいか**迷った**末**、俺はその家に近づいていった。そしてその家のドアの前まで来たとき、
「あのかばんはどこだ！言え！」という低い男の声。そして
「助けてー！」という女性の声――。

昇進取り消し

119 昇進の話はなかったことにする ★★

どう使う？

「犯行時間に一緒に飲んでいたことにしてくれ(범행 시간에 함께 마셨던 걸로 해 줘)」와 같이 자신의 상황에 맞도록 사실을 바꿔서 말할 때 쓰인다.

V-た / **V-ない** かった ＋ ことにする　〜한 것으로 하다

① 私が日本にいる間に、家族がドイツへ旅行に行ったなんて、聞かなかったことにしたいなあ。
② ごめん！ 財布落としちゃって…。食事をおごる話はなかったことにしてくれる？
③ 友達にもらった写真を自分で撮ったことにして、コンテストに応募して入賞しちゃった人がいたらしいよ。
④ A：レポート、明日締め切りなんて、忘れちゃってた。どうしよう！ ネットで調べたものをコピペして自分で書いたことにするしかないわ。
　 B：そんなことしても、すぐばれるに決まってるよ。

やってみよう！

정답 별책 P.8

1) ぼくは審判だから、反則をしたのを（a. 見た　b. 見なかった）ことにするわけにはいかないよ。
2) 子どものとき、嫌いなおかずをいつも犬にやって自分で
　（a. 食べた　b. 食べなかった）ことにしていたのを母は知らなかった。
3) 宿題は自分でしましょう。ほかの人の宿題を写して、
　（a. やった　b. やらなかった）ことにしても、先生はすぐわかりますよ。
4) 橋本君は親には友達のうちで（a. 勉強していた　b. 勉強していなかった）ことにして、朝までカラオケで遊んでいたらしいよ。

☞ p.221 〜こと

120 がんばったつもりだった ★★

どう使う？

「〜つもり(〜라고 생각함)」는 주위의 평가나 진실은 제쳐두고, '본인은 〜라고 생각하고 있다'라고 표현할 때 사용한다.

V-る ／ V-た
V-て いる ＋ つもり 〜라고 생각함
N の

① 説明書通りにやっているつもりなのに、どうしてもうまくできない。
② 会議中にちょっとささやいたつもりが、みんなに聞こえてしまって、恥ずかしかったよ。
③ あの人は小説家のつもりらしいけど、書いた小説が出版されたという話を聞いたことがない。

やってみよう！

1) レポートを出す前にちゃんとチェックしたつもりだったのに、
2) 目覚まし時計を7時にセットしたつもりだったが、
3) 冗談のつもりで言った言葉が、
4) 子どものときからの友達だから、何でも知っているつもりだったが、

a) 突然会社をやめて外国へ行くと言われて驚いた。
b) 先生から漢字が間違っていると言われた。
c) 鳴ったのは8時で、遅刻してしまった。
d) 相手を傷つけることがあるので注意しましょう。

☞ p.223 〜つもり

121 つらくてならなかった ★★

どう使う？

「〜てならない(〜해서 견딜 수가 없다)」는 '너무 〜하다'라는 의미로 어떤 감정이나 감각이 생겨나 스스로는 억제하기 힘든 상황임을 표현한다.

| V-て |
| いA <s>い</s>くて | + ならない　～해서 견딜 수가 없다
| なA で |

* 「残念(유감)・不安(불안)・心配(걱정)・つらい(괴롭다)・くやしい(분하다)」 등 감정을 나타내는 단어와 함께 사용한다.
* 「きれい(예쁨)・下手(서투름)」 등 평가를 나타내는 단어와는 함께 사용하지 않는다.

① 私のように年をとってくると、ふるさとの山々が懐かしく思い出されてならないんですよ。
② 柔道を始めたのは、子どものころいつもけんかで兄に負けるのが、くやしくてならなかったからです。
③ 昔は人前で話すのが嫌でならなかったんですが、最近はあまり抵抗を感じなくなりました。
④ 日本人がどうしてあんなに謝るのか不思議でならないという外国人は多い。

やってみよう！　　　　　　　　　　　　　　정답 별책 P.8

1) あのとき親に反対されてもバンドを続けていれば、おれもあいつらと一緒に大成功していたかもしれないと（a. 思えてならない　b. 思いかねない）。
2) こんなに乾燥していると、山火事が（a. 起きてならない　b. 起きかねない）と関係者は心配している。
3) A：私より仕事のほうが好きなんでしょ？
　 B：そんなこと、(a. 思えてならない　b. 思うはずがない) だろ。
4) 部活は楽しいが、朝の練習は（a. 眠くてならない　b. 眠いはずがない）。

122　できるものなら ★★

どう使う？

「～ものなら(만약에 ～라면)」는 현실적으로 불가능하다고 생각되는 일을 강하게 희망할 때 사용한다. 회화에서는 「もんなら」라고 쓴다.

| V-できる | + | ものなら　（만약에）～라면 |
| | | もんなら　（만약에）～라면 |

* 가능의 의미를 가지는 동사의 사전형도 사용된다.

① 子どものころから星が好きだったので、行けるものなら宇宙旅行に行ってみたいと思っています。

② こんなつらい仕事は辞められるものなら辞めたいが、生活のことを考えると辞めるわけにはいかない。
③ 下山できるものなら一刻も早く下山したいが、天候が回復するまで待つしかない。
④ A：今帰りですか。お互いに、通勤に1時間半なんて、大変ですよね。
　　B：そうですよね。買えるもんなら会社の近くにマンションでも買いたいけど…。
⑤ 不老不死の願いがかなうものなら、私はいくらでも金を出す。

やってみよう！

정답 별책 P.8

1) 結婚できる（a．ものなら　b．ものの）彼女と結婚したいが、こんなに給料が安くては無理だろう。
2) 技術的には可能な（a．ものなら　b．ものの）コストがかかるから製品化は難しいでしょう。
3) 相手の都合を気にする（a．ものなら　b．ことなく）自分の好きなときに連絡できるので、メールは便利だ。
4) オリンピックでメダルが取れる（a．ものなら　b．だけあって）取りたいが、ライバルが多いから無理かもしれない。

☞ p.225 ～もの／もん

123　行こうか行くまいか ★

どう使う？

어떻게 할지 망설이고 있음을 말하고자 할 때 사용하는 표현이다.

V-よう ＋ か ＋ **V-る** ＋ まいか　～할까 말까, ～할지 말지

① 彼は夏休みに国へ帰ろうか帰るまいかと悩んでいるらしい。
② 子犬が渡ろうか渡るまいかと小川の前でうろうろしている。
③ 会議中に居眠りした部長を起こそうか起こすまいか悩んで、結局起こさなかったんですが、どうすればよかったんでしょうか。

④ 両親は姉に就職試験の結果を聞こうか聞くまいか迷っているようだ。

 p.224 ～まい

124 迷った末 ★★

どう使う？

「～末…(～한 끝에…)」는 '오랜 시간 ～한 끝에 …이라는 결과가 되었다'라고 말하고자 할 때 쓴다. 실제로 긴 시간이 아니더라도 말하는 사람이 심리적으로 길게 느꼈을 경우에도 사용한다.

V-た ／ N の ＋ 末（に）　～한 끝에

① 家族ともよく話し合った末、今年度限りで引退することに決めました。
② この商店街で30年がんばってきましたが、悩んだ末に店を閉めることにしました。
③ すぐに天職と思える仕事につける人もいるが、何回かの転職の末、やりがいのある仕事を見つける人もいる。
④ どの会社のパソコンがいいか、みんなに相談し、さんざん迷った末、やっぱり今使っているのと同じメーカーのを買うことにした。

やってみよう！

정답 별책 P.8

1) 自分の将来について悩み、いろいろ考えた（a. 際に　b. 末に　c. あげくに）日本に留学することにした。
2) ここは、幼少期から働きに出され、苦労を重ねた
　（a. 際に　b. 末に　c. あげくに）パナソニックを築いた松下さんの記念館です。
3) 友達は、飲みすぎて電車で寝てしまい、終点まで行った（a. 際に　b. 末に　c. あげくに）財布をなくしたから迎えに来てくれと電話してきた。
4) アパートの契約をする（a. 際に　b. 末に　c. あげくに）契約書の内容を詳しく説明してもらった。

Check

1) 私が心配＿＿＿＿＿＿のは、両国の関係が悪化することです。
2) 人生をやり直せる＿＿＿＿＿＿、やり直したい。
3) 高校卒業後どうしようかと悩んだ＿＿＿＿＿＿、進学しないで就職することに決めた。
4) 坂本さんったら、病気になった＿＿＿＿＿＿、会社を休んで友達と旅行に行ったんだって。
5) ヘアスタイルを変えて、変身した＿＿＿＿＿＿なのに、誰も気づいてくれなかった。
6) すてきなドレスだったが、買おうか買う＿＿＿＿＿＿と迷っているうちに売れてしまった。

| でならない　　末　　ことにして　　まいか　　つもり　　ものなら |

13 人生の転機 (2)

ストーリーを読む　스토리를 읽다

인생의 전환기 (2)

できること
- 스토리 전개를 따라 읽을 수 있다.
- 등장인물의 심정이나 결심 등을 이해할 수 있다.

たとえどんな事情があっても、男2人で女性に暴力を振るうなんて許しがたい奴らだ。絶対助け出す。俺は勇気を出して、2階へ続く階段を上った。突き当たりの部屋のドアから光が漏れている。俺はドアを思い切り開けて部屋に飛び込んだ。そして叫んだ。

「やめろ！やめるんだ！」俺は入口にいた男が止めるのもかまわず彼女の横にいた男の腹にパンチを入れた。

「カット！」

眩しい光の中で「誰だ、お前は!?」と低い声の男が俺に問いかけた。その横でカメラを持った男が驚いた顔で俺を見ていた。「あれ？これって、映画？」恥ずかしさのあまり、逃げ出したくなった俺に、低い声の男が聞いた。「今の、もう1回できるか？」

俺は戸惑いながら、言われた通りになぐった。「違う！もっと気持ちを込めてやってみろ！…そうだ、いいぞ」

～～～～～

あれから、半年。俺は会社を辞めて、今は自主制作映画の主役だ。主役といっても荷物運びもすれば切符も売る。生活は大変だが、俺はこの出会いに心から、ありがとうと言いたい。何があってもあきらめないでやりぬくぞ。

125　たとえどんな事情があっても　★★★

どう使う？

「たとえ〜ても(설령 〜이라 해도)」는 '만약 〜이라 해도'라는 의미로 '어떠한 경우든'이라고 강하게 말하고 싶을 때 쓴다.

たとえ ＋
- V-て　も　설령 〜이라 해도
- いA くても　설령 〜이라 해도
- なA でも　설령 〜이라 해도
- N でも　설령 〜이라 해도

① 子どもがいるので、たとえ給料が高くても、土日に休めない仕事はしたくない。
② たとえ遠く離れていても、君の友情は決して忘れない。
③ たとえどんなに困難でも、チョモランマの山頂に立ってみたいと思っている。
④ たとえどんなに小さい子どもでも、悪いことをしたら、謝らなければならないことを教える必要がある。

やってみよう！

정답 별책 p.9

1) たとえ嫌いなものが入っていても、・　　・a) 命が助かるなら、かまいません。
2) たとえどんなに難しい試験でも、・　　・b) あきらめないで努力すべきだ。
3) たとえ治療費がいくらかかっても、・　　・c) ほめられればうれしいものだ。
4) たとえお世辞だとわかっていても、・　　・d) 愛する彼女が作ったものは残さず食べる。

126　許しがたい　★★

どう使う？

「〜がたい(〜하기 어렵다)」는 '그 행위를 하기 힘들다, 불가능하다'라는 의미를 나타낸다.

V-ます ＋ がたい　〜하기 어렵다, 〜할 수 없다

＊「信じる(믿다)・理解する(이해하다)・納得する(납득하다)・得る(얻다)・許す(용서하다)・認める(인정하다)・忘れる(잊다)」등의 단어와 함께 사용된다.

① この条件では、鈴木商事からの合併の申し出は受け入れがたい。

② 信じがたいことだが、あのおとなしい高橋さんが上司の命令に逆らったというのは事実らしい。
③ 脱サラして会社を始めてもう3年が過ぎたが、まだ経営が安定しているとは言いがたい状況だ。
④ いい記録を出すために薬物を使用するのは、フェアプレイの精神に反する許しがたい行為だ。

やってみよう！

1) 最近の政府の方針は、私たち国民には
   （a．理解しがたい　b．理解する恐れがある）。
2) この道は歩道が狭くて（a．歩きがたい　b．歩きにくい）。
3) 誰でも他人をうらやましいと思う感情があるのは
   （a．否定しがたい　b．否定にすぎない）事実だ。
4) 履歴書に職歴を書く欄があるが、アルバイトしかしたことがないので
   （a．書きがたい　b．書きようがない）。

127　男が止めるのもかまわず

どう使う？

「～もかまわず…(～도 개의치 않고…)」는 '대개는 주의를 기울이는 사항이지만, 그것을 신경쓰지 않고'라고 표현할 때 사용한다. 비판적으로 쓰는 경우가 많다.

N ＋ もかまわず　～도 개의치 않고, ～도 아랑곳하지 않고

① 住民の迷惑もかまわず、夜中にバイクで走りまわるのはやめてほしい。
② 電車の中で人目もかまわず、お化粧するのはどうかと私は思う。
③ 彼女は服が汚れるのもかまわず、泥だらけの子犬を抱き上げた。
④ ぼくたちは虫に刺されるのもかまわず、森の中で毎日遊んでいた。
⑤ 最近このあたりは観光客が増え、ところかまわずごみを捨てる人もいるので掃除が大変だ。

②

128 恥ずかしさのあまり ★★

どう使う？

「～あまり…(너무 ～한 나머지…)」는 '지나치게 ～해서 …한 결과가 되었다'를 말하고 싶을 때 사용한다. 좋지 않은 결과일 때 쓰는 경우가 많다.

```
V-る
なA な     + あまり   너무 ～한 나머지
N の
```

＊「心配(걱정)・うれしさ(기쁨)・悲しさ(슬픔)・緊張(긴장)」등의 감정을 나타내는 단어와 함께 사용된다.

① 弟の病気を心配するあまり母は食欲がなくなり、すっかりやせてしまった。
② 彼は仕事熱心なあまり、土日も休もうとしないので、周囲の人を心配させている。
③ 恋人を亡くした彼女は悲しみのあまり部屋に閉じこもってしまった。
④ 電車の中で足を踏まれて、痛さのあまり声も出なかった。

やってみよう！

정답 별책 p.9

1) 衝撃的な映像がテレビに映し出され、彼は驚きのあまり（　　　）。
   a．椅子に座ってテレビを見た
   b．持っていたコップを落としてしまった
2) 毎日仕事に追われ、忙しさのあまり（　　　）。
   a．結婚記念日を忘れてしまった
   b．結婚記念日にパーティーをした
3) 入学試験で緊張のあまり（　　　）。
   a．解答欄を間違えてしまった
   b．問題は非常に難しかった
4) 2代目社長は失敗を恐れるあまり（　　　）ので、このままでは会社がだめになってしまうと社員は心配している。
   a．新しいことに挑戦する
   b．何も改革をしない

129 気持ちを込めて ★★

どう使う?

「〜を込めて…(〜을 담아서…)」는 '애정, 생각 등의 감정을 넣어서 …하다'라는 의미로 사용한다.

N + を込めて ～을 담아서, ～을 다해서

* 「心(마음)・愛(사랑)・親しみ(친근함)・祈り(기도)・恨み(원망)・怒り(분노)」 등의 단어와 함께 사용된다.

① 当店では1つ1つのお菓子を、心を込めて手作りしております。
② クラスメートはお互いに親しみを込めてニックネームで呼び合っている。
③ あなたの大切な方に、愛を込めてダイヤモンドをプレゼントしてはいかがでしょうか。
④ 早く病気が治るように願いを込めて、入院している友達のためにみんなで千羽鶴を折った。

やってみよう!

1) 母の誕生日に心(a. を込めて b. にこたえて)セーターを編んだ。
2) 両親を殺された男は恨み(a. を込めて b. に先立って)犯人をにらみつけた。
3) 彼女は故郷への思い(a. を込めて b. につれて)その曲を作ったそうだ。
4) 学生たちは計画(a. を込めて b. にそって)発表会の準備を進めた。

130 荷物運びもすれば切符も売る ★★

どう使う?

플러스 이미지를 지닌 단어를 중복해서 '좋은 점이 많이 있다'라고 말할 때와 마이너스 이미지를 지닌 단어를 중복해서 '나쁜 점이 많이 있다'라고 말할 때 쓰인다. 「家で食べる日もあれば外で食べる日もある(집에서 먹는 날도 있으면 밖에서 먹는 날도 있다)」와 같이, 여러 가지 있다는 의미를 나타내는 경우도 있다.

```
   ┌ V-ば    ┐
N ＋も ＋│ いA ければ │ ＋ N ＋ も    ～도 있고 ～도, ～도 있으면 ～도
   │ なA なら  ┘
```

① 今度できたスーパーは品数も多ければ値段も安いので、大人気だ。
② 私は料理も下手なら掃除も苦手で、家事で得意なものは何もないんです。
③ このバスツアーは4,980円で、昼食の食べ放題もあればお土産もついていますから、たいへんお得です。
④ 長い人生、いいときもあれば悪いときもあるよ。
⑤ 5月は気温が25度以上になる日もあれば、20度以下で肌寒い日もある。

やってみよう！
정답 별책 P.9

1) ABC商事は給料も（a. 高けれ　b. 低けれ）ば、福利厚生も（a. よい　b. 悪い）ので就職を希望する学生が多い。
2) この辺は海水浴も（a. できれば　b. できなければ）山登りも（a. 楽しめる　b. 楽しめない）から、最近人気が出てきているんですよ。
3) 最近はインターネットで何でもできるので、新聞も（a. 読め　b. 読まなけれ）ばテレビも（a. 見る　b. 見ない）人が増えているそうだ。
4) どの国にもいい人もいれば悪い人も（a. いる　b. いない）。

131　やりぬくぞ ★★

どう使う？

「～ぬく(끝까지 ～하다)」는 '힘들어도 마지막까지 열심히 ～을 하다'라는 의미로 쓰인다. '몹시 ～하다'라는 뜻을 나타내기도 한다.

V-ます ＋ ぬく　끝까지 ～하다, 몹시 ～하다

＊「やる(하다)・生きる(살다)・がんばる(힘내다)」「考える(생각하다)・悩む(고민하다)・困る(곤란하다)・苦しむ(괴로워하다)」 등의 단어와 함께 사용된다.

① 一度やると決めたからには、どんな困難があっても最後までやりぬく覚悟です。
② けがで思うように練習ができないまま出場し、それでも最後まで戦いぬいた山川選手はよくがんばったと思う。

③ 父が祖父から受け継ぎ、守りぬいたこの店を、これからはぼくがもっと大きく育てていくつもりだ。
④ 北国の長い冬を耐えぬいた植物が芽を出すと、春の訪れを感じる。

やってみよう！

1) 不景気で就職難のこの時代を生き（a．ぬく　b．がち）には精神力が必要だ。
2) アルバイトをし（a．ぬき　b．つつ）、専門学校で公認会計士になる勉強をした。
3) 家族とも相談し、いろいろ考え（a．ぬいた　b．に比べた）末の転職だったんです。
4) みんなで協力すれば、どんな事態が起こってもこのプロジェクトをやり（a．ぬける　b．がたい）と確信しています。

Check

1

1) 彼は冷たい風が吹きつけるの＿＿＿＿＿じっと海を見つめていた。
2) はるばる訪ねて来てくれた旧友を心＿＿＿＿＿もてなした。
3) 優勝した瞬間、応援していたファンは、喜びの＿＿＿＿＿抱き合って泣き出した。
4) 苦しい訓練に耐え＿＿＿＿＿ことができたのはすばらしい仲間がいたからだ。
5) こんな事件が起きたとは信じ＿＿＿＿＿が、事実なのだ。

| を込めて　もかまわず　ぬく　あまり　がたい |

2

1) 彼女は手芸が得意で、セーターも（a．編めば　b．編んでも）ワンピースも作る。
2) たとえ会社をクビに（a．なれば　b．なっても）、不正を告発しなければならないと思った。

まとめの問題

정답 별책 P.20

問題 1 <문법 형식 판단>

次の文の（　）に入れるのに最もよいものを1・2・3・4から一つ選びなさい。

[1] プレッシャーで実力が出せなかったとき、自分に負けた気がして、（　　）。
　1　くやしいようになっている　　　2　くやしかったつもりだ
　3　くやしくてならなかった　　　　4　くやしいおそれがあった

[2] 企画会議で、部長の決定を本当にそれでいいのかと疑問に思い（　　）、聞いていた。
　1　つつ　　　2　ぬき　　　3　がたくて　　　4　を込めて

[3] これは苦労して探し回った（　　）、やっと見つけた本なんです。
　1　あげく　　2　あまり　　3　末に　　4　限り

[4] 全力を尽くしてがんばれば、たとえ（　　）後悔はしないだろう。
　1　失敗しなければ　　　　2　失敗したくないので
　3　失敗しても　　　　　　4　失敗したのに

[5] 彼の理想はわかるが、あまりに現実離れしているので、賛成し（　　）。
　1　ぬいた　　2　がたい　　3　がちだ　　4　かねない

[6] 平和への願い（　　）参加者全員で歌を歌った。
　1　を問わず　　2　をきっかけに　　3　を込めて　　4　をもとに

[7] 試合会場へのペットボトルの持ち込みが禁止になったのは、（　　）グラウンドに物を投げるファンが増えたからです。
　1　興奮することなく　　　2　興奮するどころか
　3　興奮するからには　　　4　興奮のあまり

[8] このドキュメンタリーは南極の厳しい自然の中を生き（　　）2匹の犬の物語である。

| 1 ぬいた | 2 がたい | 3 かねない | 4 得る |

問題2 <문장 완성>

次の文の ___★___ に入る最もよいものを1・2・3・4から一つ選びなさい。

1 彼は ____ ____ ★ ____ パーティーでは人気者だ。

　　1 歌えば　　2 ダンスも　　3 できるので　　4 歌も

2 ぼくが花瓶を割ったとき、お母さんにしかられないように、
____ ____ ★ ____ くれた。

　　1 割った　　2 猫が　　3 お兄ちゃんが　　4 ことにして

3 健康の ____ ____ ★ ____ でも、栄養のバランスが取れていないことがある。

　　1 気をつけている
　　2 ため
　　3 つもり
　　4 食べ物に

問題3 <글의 문법>

次の文章を読んで、文章全体の内容を考えて、 1 から 4 の中に入る最もよいものを、1・2・3・4から一つ選びなさい。

　リリーは、子犬のころ目の病気になり、目が見えなくなった。そんなリリーのためにマディソンは「盲導犬」を引き受けて、いつもリリーを気遣い 1 歩いていた。2匹は散歩 2 一緒なら寝るのも一緒だった。そんな2匹を温かく見守っていた飼い主だったが、家の事情で2匹を犬の保護センターに預けなければならなくなった。「できる 3 この2匹をずっと一緒にいさせてやりたい」と、センターのスタッフは新しい飼い主を探した。
　この話が報道されると、多くの視聴者から「 4 どんなことがあっても2匹を引き離さないで」といったコメントがいくつも寄せられた。その中には新たな飼い主として声をあげる人もいる。2匹は、まもなく一生を過ごせる家を見つけ、幸福な日を送るようになるだろう。

1	1 がたく	2 つつ	3 ぬいて	4 らしく
2	1 が	2 さえ	3 も	4 で
3	1 ことから	2 ことに	3 ものの	4 ものなら
4	1 たとえ	2 もし	3 いくら	4 それから

問題4 <청해>

1　この問題では、問題用紙に何も印刷されていません。この問題は、全体としてどんな内容かを聞く問題です。話の前に質問はありません。まず話を聞いてください。それから、質問と選択肢を聞いて、1から4の中から、最もよいものを一つ選んでください。

　　　　　1　2　3　4　　　　　　　　　　　　　　　🔊 65

2　この問題では、問題用紙に何も印刷されていません。まず、文を聞いてください。それから、それに対する返事を聞いて、1から3の中から、最もよいものを一つ選んでください。

| 1 | 1　2　3 | 🔊 66 |
| 2 | 1　2　3 | 🔊 67 |

14 オリンピックの開催について

社説を読む 사설을 읽다

올림픽 개최에 대해서

できること

● 신문의 칼럼이나 사설을 읽고, 필자의 설명과 주장을 이해할 수 있다.

社説

オリンピック開催といえば、昔は国を挙げて喜んだものだ。しかし今日ではどこの国でも、オリンピック開催をめぐって意見が対立する。開催国はオリンピックを契機として、国の発展を願う。しかし、オリンピック開催には多くの費用がかかる。それで政府に対する抗議の声が上がることになるわけだ。

また、オリンピック開催にあたっては、資金に加えて、競技場などの建設用地の確保も重要な課題となる。そのために住民の移転問題も出てくる。住み慣れた土地を離れることは、補償金や代わりの住宅が用意されたとしても、簡単に納得できることではないだろう。

オリンピック憲章の中に、「スポーツを通じて平和な社会を構築する」とある。この理念に基づいて、国際社会の平和を目指すことは素晴らしいことだ。しかし、国民の感情や生活を犠牲にしてオリンピックが開催されることがあってはならない。多くの人が賛同してこそ、オリンピックを開く意義がある。今、世界規模でオリンピックのあり方を、改めて考えるときが来ているのではないだろうか。

問われる五輪招致の是非

132　国を挙げて喜んだものだ

どう使う？

「〜ものだ(〜하곤 했다)」는 과거의 일을 회상해서 그리워하는 기분을 나타낸다.

PI ＋ ものだ　〜하곤 했다, 〜했었다(회상)

[과거형만]

① 昔はよく友達と近くの川で泳いだものだ。
② 娘も昔は「パパ、大好き！」と言ってくれて、かわいかったものだが…。
③ 10年前はこのあたりも静かだったものだが、今ではすっかり変わってしまった。

 마음 속으로 느낀 강한 감정을 표현할 때에도 사용한다.

PI ＋ ものだ [なA だな　~~N だ~~]　참 〜하다, 〜하다니(감회)

① あの子がもう成人式ですか。時間がたつのは早いものですね。
② 犬を捨てるなんて、ひどいことをするものだ。

やってみよう！

정답 별책 p.9

1) 子どもの頃、寝る前に母はよく歌を歌ってくれた
　（a．もの　b．こと　c．ところ）だ。
2) 山田さんはさっき帰った（a．もの　b．こと　c．ところ）です。
3) A：前はよくコンサートに行った（a．もの　b．こと　c．ところ）だけど、最近
　　はめったに行かなくなったよね。
　B：たまには行く？ 付き合うよ。
4) A：昔、この山で遭難しかけて焦った（a．もの　b．こと　c．ところ）があるんだ。
　B：へえ。こんな低い山で？
5) A：今の映画、すばらしかったね。
　B：うん。私たちもがんばって、こんなすばらしい映画を作ってみたい
　　　（a．もの　b．こと　c．ところ）だね。

☞ p.225 〜もの／もん

133 開催をめぐって ★★

どう使う?

「~をめぐって(~을 둘러싸고)」는 앞서 나온 주제를 화제로 삼아 다양한 입장, 방향에서 의견을 서술하거나 다툼・분쟁・대립 등이 발생한다는 것을 말하고 싶을 때 쓴다.

N + をめぐって　~을 둘러싸고
　　をめぐる + N　~을 둘러싼

① 遺産をめぐって、兄弟の争いが起こることを父は心配していた。
② ダムの建設をめぐって、村人の意見が対立し、計画の実行までにはまだ時間がかかりそうだ。
③ スポーツ大会のやり方をめぐって、意見が分かれ、結論は来週に持ち越された。
④ どこのマンションでも、改修工事をめぐる話し合いは、なかなかまとまらないものだ。

やってみよう!
　　　　　　　　　　　　　　　　　　　　　　　　　　　　　　　정답 별책 p.9

1) 開発部と営業部の間で来年度の販売計画（a. をめぐって　b. に際して）議論が続いている。
2) おれのやり方（a. をめぐって　b. に対して）文句があるなら、言ってみろ!
3) 今回の警察の捜査方法の是非（a. をめぐって　b. に応じて）いろいろな専門家がコメントをしている。
4) 人を、国籍や性別（a. をめぐって　b. によって）差別するべきではない。

134 抗議の声が上がることになるわけだ ★★

どう使う?

「~わけだ(~한 것이다)」는 이유나 사정을 설명하고 '당연히 그렇게 된다'라고 말하고자 할 때 쓴다.

PI + わけだ　~한 것이다, ~하게 된다, ~뿐이다
[なA だな　N だの]

＊「~というわけだ(~이라는 것이다)」의 형태도 사용된다.

① 食生活の改善と適度な運動によって免疫力が高まり、病気にかかりにくくなるわけです。
② うちのお店は若い人向けの服を中心に扱っているので、20〜30代のお客様が多いわけです。
③ 少子高齢化が進めば、労働人口が減ってしまうわけですから、経済構造にも当然影響が出てきます。
④ 前の店舗が再開発によって取り壊されることになって、ここに移転することになったというわけです。

やってみよう！

정답 별책 P.9

1) 寮では毎日一緒に生活する（a. わけ　b. はず　c. べき）だから、お互いにルールを守ることが大切です。
2) A：以前の新幹線はもっと先が丸い形でしたよね。
   B：ええ。当研究所で空気の抵抗を減らす実験をくり返して、現在のような形にした（a. わけ　b. はず　c. べき）なんです。
3) 製品の安全性をきちんと調査してから販売する（a. わけ　b. はず　c. べき）なのに、十分な検査もしないで売られているものもあるらしい。

2)

 p.226 〜わけ

135　オリンピック開催にあたって

どう使う？

「〜にあたって(〜함에 있어서)」는 '〜을 할 때에'라는 의미를 나타낸다.

V-る ┐　┌ にあたって　〜함에 있어서, 〜을 맞이하여
N   ┘+ └ にあたり　　〜함에 있어, 〜을 맞이해

① 開会にあたって、一言ごあいさつ申し上げます。
② 診療所の開設にあたっては、まずその地域の医療環境を調べる必要があります。
③ 復興にあたり、世界中の皆様から様々なご支援をいただきました。
④ 研修を始めるにあたり、社員としての心構えについてお話しします。

136　資金に加えて ★

どう使う？

「〜に加えて(〜에 더해서)」는 '〜뿐만 아니라 게다가'라는 의미를 나타낸다.

N ＋ に加えて　〜에 더해서, 〜에다가

① 優れたサッカー選手になるには、運動能力に加えて、判断力や協調性が求められる。
② 家を買う場合は、不動産屋の手数料に加え、税金や引っ越し費用など、購入代金のほかにも様々な経費がかかる。
③ これまでのサービスに加え、新たなサービスを企画してお客様のニーズに応えたい。
④ この町は、自然の豊かさに加えて、子育て支援が充実していることから、若い世代の転入が増加している。

137　用意されたとしても ★★

どう使う？

「〜としても(〜라고 해도)」는 '설령 〜라고 생각하더라도'라는 의미로 자신의 의견이나 예상을 말하고 싶을 때 사용한다.

PI ＋ ┌ としても　〜라고 하더라도, 〜라고 해도
　　　　└ としたって　〜라고 하더라도, 〜라고 해도

① こんなにいい天気なんだから、雨が降るとしても夜になってからだろう。
② いい商品なんだから、売り上げがすぐには伸びないとしても、時間をかけて売っていこう。
③ 無理して働いて病気になったとしても、会社は補償してくれないよ。
④ 仮に私を悲しませないためのうそだとしたって、私は絶対許せない。

やってみよう！

1) A：先生、電子レンジって、いくらぐらいしますか。
   B：温めるだけなら、高い（a. としても　b. とすれば）10,000円以下で買えるでしょう。
2) A：夏休みに旅行する（a. としたって　b. としたら）、どこがいい？
   B：私、ソウルへ行きたい。
3) それほど遠くないから、渋滞した（a. としても　b. とすれば）お昼までには向こうに着くでしょう。
4) みんなで手伝った（a. としたって　b. としたら）そんなに早く終わるはずがないよ。

138　理念に基づいて ★★★

どう使う？

「〜に基づいて(〜에 근거하여)」는 기준이나 참고로 한 것을 바탕으로 어떠한 동작이나 상황이 발생할 때 쓴다.

N + ┌ に基づいて　〜에 근거하여, 〜에 기초하여
　　├ に基づき　　〜에 근거해, 〜에 기초해
　　├ に基づく　　┐
　　└ に基づいた　┘ + N　〜에 근거하는 / 〜에 근거한

① 集めた資料に基づいて、論文を書いた。
② 区域内の道路建設は法律に基づいて、各市町村が基本計画を作成する。
③ 国民健康保険は前年の収入に基づいて保険料が決められる。
④ この会社では、社員の教育計画に基づいた人材の育成が行われている。

やってみよう！

1) 廃棄物は法（a. に基づいて　b. に関して）、適正に処理されなければならない。
2) これは天然資源（a. に基づいて　b. に関して）調査したレポートです。
3) 離婚の際に、子どもの親権（a. に基づいて　b. をめぐって）争うケースが増えている。
4) 本校は学校教育法（a. に基づいて　b. をめぐって）認可された学校です。

5）本アプリは脳科学（a. に基づいて　b. に応じて）開発された英語学習サービスです。

6）この目薬は症状（a. に基づいて　b. に応じて）点眼する回数が異なりますので、医師の指示に従ってご使用ください。

➕ Plus

〜をもとに／〜をもとにして ★★★

「〜をもとに／〜をもとにして(~에서, ~을 참조해서, ~을 가지고)」는 '어떤 것을 재료・힌트・근거로 하여'라고 표현할 때 사용한다.

① 調査結果をもとに新製品の宣伝方法を考えましょう。
② 当店では、お客様からの意見をもとに日々サービスの向上に努めております。
③ 目撃者の証言をもとにして、犯人のモンタージュ写真を作成した。
④ この映画はある地方に伝わる伝説をもとにして作られたと言われている。

139　多くの人が賛同してこそ ★

どう使う？

「〜てこそ…(~해야 비로소…)」는 '어떤 일을 하고 나서야 비로소 알 수 있다/뭔가가 될 수 있다', 즉 '어떤 일을 하지 않으면 할 때까지 모른다'라는 의미이다.

V-て　＋　こそ　~해야 비로소

① どんな健康法も、続けてこそ効果がある。
② 苦労してこそ、わかることもたくさんある。
③ 相手にわかりやすく説明できてこそ、本当の知識と言えるのです。

☞ p.221 〜こそ

Check 📖

정답 별책 P.9

1）原料の値上げ _____ 、流通コストも上がったため、値上げせざるを得なくなってしまいました。

2）衆議院では来年度予算案 _____ 、与野党の意見が対立している。

3）王子の結婚 _____ 、各国からお祝いのメッセージが送られてきた。

4）私の国では、試験の成績 _____ 、入学する大学が決められるシステムになっています。

に加えて　　をめぐって　　に基づいて　　にあたって

5）失敗した _____ 、がんばった経験は将来必ず役に立つはずです。

6）缶詰は中の空気が抜かれ、加熱殺菌されているので、長期間保存できる _____ 。

7）どんなスポーツでも、練習を続け _____ 上達するのだから、練習をサボってはいけない。

8）昔はよく手紙を書いた _____ が、最近は書くのは年賀状ぐらいになったね。

ものだ　　わけだ　　てこそ　　としても

まとめの問題

問題1 <문법 형식 판단>

次の文の（　　）に入れるのに最もよいものを1・2・3・4から一つ選びなさい。

1　新しい生活を始める（　　）、大学の近くに部屋を探すことにした。
　　1　において　　2　にしたがって　　3　に基づいて　　4　にあたって

2　学生時代はよくこの公園の芝生で昼寝をした（　　）。懐かしいなあ。
　　1　ことだ　　2　ものだ　　3　だけだ　　4　わけだ

3　この製品の使用法（　　）は、ホームページをご覧ください。
　　1　について　　2　にあたって　　3　をめぐって　　4　に基づいて

4　人は自分の経験（　　）判断することが多いので、正しい判断をするにはたくさんの経験が必要だと言われる。
　　1　にしては　　2　に基づいて　　3　に加えて　　4　にあたり

5　原子力発電所の安全性（　　）、世界各地で議論が行われている。
　　1　を込めて　　2　を問わず　　3　をめぐって　　4　をもとに

問題2 <문장 완성>

次の文の＿★＿に入る最もよいものを1・2・3・4から一つ選びなさい。

1　地域住民が新しいホテルの＿＿＿＿＿＿＿＿＿＿★＿＿＿＿　起こしたそうだ。
　　1　運動を　　2　建設　　3　反対　　4　をめぐって

2　結婚しない若者の増加も問題だが、＿＿＿＿＿＿＿＿★＿＿＿　人が増えているのも問題だろう。
　　1　子どもを産もう　　2　結婚した
　　3　としない　　4　としても

14 オリンピックの開催について

| 3 | この温泉は、＿＿＿ ＿＿＿ ★ ＿＿＿ 効果もあります。 |

1 回復　　**2** 疲労　　**3** 美肌の　　**4** に加えて

問題3 <글의 문법>

次の文章を読んで、文章全体の内容を考えて、 1 から 4 の中に入る最もよいものを、1・2・3・4から一つ選びなさい。

> 交差点で車同士が衝突する事故が起きた。事故原因の調査では、運転手に重大な過失は認められなかった。事故のあった交差点は以前から危険性が指摘されていたため、この事故 1 、道路を管理する大山市と運転手の間で裁判となり、市側は判決 2 、200万円を支払うこととなった。道路管理に問題があったと認められた 3 。今回の事故 4 、大山市は市内のすべての道路の安全調査を実施するとのことだ。

| 1 | **1** を通じて　　**2** をめぐって　　**3** を問わず　　**4** をはじめ |

| 2 | **1** に限って　　**2** にわたって　　**3** に基づいて　　**4** にさえ |

| 3 | **1** ものがある　　**2** きりだ　　**3** にすぎない　　**4** わけだ |

| 4 | **1** を契機に　　**2** もかまわず　　**3** に加えて　　**4** に先立って |

問題4 <독해>

次の文章を読んで問題に答えなさい。後の問いに対する答えとして最もよいものを、1・2・3・4から一つ選びなさい。

> 新たな高速道路建設をめぐって、現在様々な議論が行われている。新しい高速道路ができれば、地域経済が活発になると期待する人も多い。しかし、国民の幸福という基本理念に基づいて建設計画が作られたとしても、まずその費用をどうするのかが問題だ。資金問題に加えて、周辺地域への騒音や大気汚染をどうするかも検討しなければなるまい。建設にあたって、クリアしなければならない問題はまだ数多く、決定には時間がかかるものと思われる。

筆者が一番言いたいことは何ですか。

1　高速道路を新しく作る必要があること
2　高速道路ができれば、地域経済が活発になること
3　高速道路ができれば、国民が幸福になること
4　高速道路の建設にはいろいろな問題があること

문형 색인

	문형	번호	페이지
あ	～あまり	128	p.198
い	V 以上は	18	p.41
	～一方①	61	p.105
	V 一方②	115	p.181
	～以来	9	p.30
う	～上(に)	102	p.162
	V 上で①	14	p.34
	～上で②	117	p.182
	～上(で)の②	117	p.182
	V 上は	18	p.42
	承る	73	p.123
	V 得る	66	p.112
え	V 得ない	66	p.112
	V 得る	66	p.112
お	おいでになる	73	p.123
	お越しになる	73	p.123
	～おそれがある	34	p.66
	お V 願う	74	p.124
	お見えになる	73	p.123
	お V 申し上げる	75	p.125
か	V か V かのうちに	96	p.153
	V 限り	23	p.51
	V がたい	126	p.196
	～がち	111	p.176
	V かと思うと	99	p.155
	V かと思ったら	99	p.155
	V かねない	27	p.55
	V か V まいか	123	p.192
	N からいうと	60	p.104

	문형	번호	페이지
か	N からいえば	60	p.104
	N からいって	60	p.104
	N からして	60	p.105
	N からすると	60	p.105
	N からすれば	60	p.105
	N から N にかけて	32	p.64
	V からには	18	p.40
	N から見て	60	p.103
	N から見ると	60	p.103
	N から見れば	60	p.103
き	きっかけ	17	p.39
く	V くらいなら	90	p.142
け	A げ	97	p.154
	契機	17	p.40
こ	～こと。	8	p.25
	～ことか	42	p.77
	～ことから	62	p.106
	V ことだ	87	p.140
	V ことなく	20	p.43
	～ことに	40	p.75
	V ことはない	49	p.87
	V こともない	49	p.87
	ご N 願う	74	p.124
	ご N 申し上げる	75	p.125
	ご覧に入れる	73	p.123
さ	～際(に)	7	p.24
	～さえ～ば	43	p.78
	V ざるを得ない	24	p.53
し	～次第①	36	p.67
	N 次第②	114	p.180

し	N 上	70	p.114
す	～末(に)	124	p.193
そ	存じる	73	p.123
た	V-た あげく(に)	45	p.80
	V-た きり	37	p.72
	V だけ①	47	p.81
	V だけ②	55	p.94
	～だけに	105	p.165
	～だけあって	105	p.165
	V-た ことにする	119	p.189
	V たて	79	p.132
	たとえ～ても	125	p.196
ち	V ちゃいられない	29	p.57
つ	V っきり	37	p.73
	N ったら	80	p.133
	V つつ	30	p.63
	V つつある	71	p.115
	V つつも	112	p.177
	N ってば	80	p.133
	～つもり①	59	p.98
	～つもり②	120	p.190
て	V-て おいでになる	73	p.123
	V-て こそ	139	p.212
	～てならない	121	p.190
	V-て はいられない	29	p.57
	V-て まいる	73	p.123
と	～といいましても	103	p.163
	N という N	88	p.140
	N というものだ	52	p.90
	～というものではない	25	p.53

と	～というものでもない	25	p.53
	～というより	28	p.56
	～といたしまして	77	p.126
	N といった	64	p.108
	～といっても	103	p.163
	～とか	107	p.172
	～どころか	83	p.135
	～どころじゃない	38	p.74
	V ところだった	89	p.141
	～どころではない	38	p.74
	～としたって	137	p.209
	～としたら	113	p.179
	N として	22	p.51
	～としても	137	p.209
	～としまして	77	p.126
	～とすると	113	p.179
	～とすれば	113	p.179
	～とともに	35	p.66
な	V ないことには	110	p.175
	～ないことはない	54	p.93
	～ないこともない	54	p.93
	～ながら(も)	15	p.35
に	～にあたって	135	p.208
	～にあたり	135	p.208
	N において	6	p.23
	N に応じ	4	p.21
	N に応じた	4	p.21
	N に応じて	4	p.21
	～におきまして	77	p.126
	N における	6	p.23

に	～にかかわらず	5	p.22
	N に限って	86	p.139
	N に限って～ない	3	p.21
	N に限らず	72	p.116
	N に限り	3	p.20
	N に限る①	3	p.20
	～に限る②	104	p.164
	N にかけては	109	p.174
	N に関して	68	p.113
	N に関する	68	p.113
	N に比べて	50	p.88
	N に加えて	136	p.209
	N にこたえて	118	p.183
	N にこたえた	118	p.183
	N に際して	7	p.25
	N に先立ち	116	p.182
	N に先立つ	116	p.182
	N に先立って	116	p.182
	～にしたがって	65	p.108
	N にしては	41	p.76
	～にしても～にしても	106	p.166
	～にしろ～にしろ	106	p.166
	～にすぎない	101	p.161
	～にせよ～にせよ	106	p.166
	N にそう	108	p.174
	N にそった	108	p.174
	N にそって	108	p.174
	N につき	1	p.19
	～につきまして	77	p.126
	V につけ	94	p.150

	V につれ	65	p.109
	V につれて	65	p.109
	N にともない	33	p.65
	N にともなう	33	p.65
	N にともなって	33	p.65
	～にとりまして	77	p.126
	N に反し	67	p.112
	N に反した	67	p.112
	N に反して	67	p.112
	N に反する	67	p.112
	N にほかならない	100	p.161
	～にもかかわらず	21	p.44
	N に基づいた	138	p.210
	N に基づいて	138	p.210
	N に基づき	138	p.210
	N に基づく	138	p.210
	N にわたった	31	p.63
	N にわたって	31	p.63
	N にわたり	31	p.63
	N にわたる	31	p.63
ぬ	V ぬく	131	p.200
の	～のなんのって	78	p.131
	～のみ	58	p.97
	～のみならず	63	p.107
	N のもと（で／に）	11	p.32
は	拝借する	73	p.123
	V ばかり	115	p.181
	～ばかりに	48	p.86
	～ばこそ	53	p.92
	V ばと思う	76	p.125

は	N はともかく（として）	26	p.54
	N はもとより	12	p.33
	〜半面	69	p.114
	〜反面	69	p.114
ふ	〜ぶる	85	p.139
ま	V まい	93	p.149
	まし	91	p.143
も	申し伝える	73	p.123
	N もかまわず	127	p.197
	〜ものか	51	p.89
	〜ものがある	92	p.148
	V ものだ①	13	p.34
	〜ものだ②	132	p.206
	V ものではない	46	p.81
	V ものなら	122	p.191
	〜ものの	39	p.74
	N も〜ば N も	130	p.199
	〜もん	56	p.95
	〜もんか	51	p.89
	V もんじゃない	46	p.81
	V もんだ	13	p.34
	V もんなら	122	p.191
や	〜やら〜やら	98	p.155
よ	V ようがない	44	p.79
	V ようじゃ	84	p.136
	V ようでは	84	p.136
	V ようになっている	81	p.133
わ	〜わけじゃない	19	p.42
	〜わけだ①	82	p.134
	〜わけだ②	134	p.207

わ	〜わけではない	19	p.42
	V わけにはいかない	57	p.96
	〜わりに	95	p.151
を	N を込めて	129	p.199
	N を N とした	16	p.38
	N を N として	16	p.38
	N を N とする	16	p.38
	N を問わず	2	p.19
	N を N に	16	p.38
	N をはじめ	10	p.31
	N をはじめとして	10	p.31
	N をはじめとする	10	p.31
	N をめぐって	133	p.207
	N をめぐる	133	p.207
	N をもとに	138	p.211
	N をもとにして	138	p.211

유사 문형 리스트

문형		예문	레벨	번호	페이지
~一方	~一方① ~하는 한편	仕事を求めて都会に出る若者がいる一方、故郷に戻って就職する若者もいる。	N2	61	p.105
	Ⅴ一方② 점점 더 ~해지다	ここは静かな町だったのに、テレビで紹介されて以来、観光客が増える一方だ。	N2	115	p.181
~上/上	~上で① ~하는 데 있어서	この本は就職活動をする上での重要なポイントが書かれています。	N2	14	p.34
	~上で② ~한 후에	駅前の再開発については、住民の皆さんの意見をまとめた上で、市に要望書を提出したいと思います。	N2	117	p.182
	~上は ~한 이상은	税金を使って研究を行う上は、社会に役立つ研究をしなければならない。	N2	18	p.42
	~上(に) ~한데다가	先週は熱が40度も出た上に、下痢が止まらず、本当に大変でした。	N2	102	p.162
	N上 ~상	お札にはその国の歴史上の人物の顔が描かれていることが多い。	N2	70	p.114
~うちに	Ⅴうちに① ~동안에	今はまだ上手じゃなくても、練習を重ねるうちにできるようになるよ。	N3		
	~うちに② ~하기 전에	アイスクリームが溶けないうちに食べよう。	N3		
	ⅤかⅤかのうちに ~하자마자	早食い選手権を見ていたら、選手たちは食べ物を口に入れたか入れないかのうちに、次の料理に手を伸ばしていた。	N2	96	p.153
~得る/得る	Ⅴ得る ~할 수 있다	凶器がどこにあるか、考え得る場所はすべて捜したが、まったく手がかりがつかめなかった。	N2	66	p.112
	Ⅴざるを得ない ~할 수밖에 없다	台風接近のため、野外コンサートは中止せざるを得なくなった。	N2	24	p.53
~から	~からこそ ~이기 때문에	大変なときだからこそ、協力することが大切なんです。	N3		
	~からといって ~라고 해서	A：あんなにがんばって練習したんだから、今度の大会は絶対就職ですね。 B：練習したからといって、簡単には優勝できませんよ。	N3		
	Ⅴ-てからでなければ ~하지 않으면	この会社では、3か月の研修を受けてからでなければ正社員になれません。	N3		
	Ⅴからには ~한 이상은	日本での就職を希望するからには、しっかり企業研究をしておいたほうがいい。	N2	18	p.40

～から	～から見て ~입장에서 보면	便利さという点から見ると、やはり田舎より都会のほうが暮らしやすい。	N2	60	p.103
～きる/きり	**V**きる 전부 ~다 하다	この目薬は2週間で使いきってください。残ったら使わないで捨ててください。	N3		
	V-たきり ~한 채	彼は「ごめん」と言ったきり、黙ってしまった。	N2	37	p.72
～くらい	～くらい ~정도	昨日の地震は、座っていられないくらい強くゆれた。	N3		
	Vくらいなら ~정도라면	A：カメラが壊れちゃって、修理代が15,000円もするんだ。 B：15,000円も払うくらいなら、新しいのを買ったほうがいいね。	N2	90	p.142
～こそ	～からこそ ~이기 때문에	大変なときだからこそ、協力することが大切なんです。	N3		
	～ばこそ ~이기 때문에	この山の自然を愛すればこそ、観光客の数を厳しく制限しているのです。	N2	53	p.92
	V-てこそ ~해야 비로소	どんな健康法も、続けてこそ効果がある。	N2	139	p.211
～こと	**V**ことができる ~할 수 있다	私はギターを弾くことができます。	N4		
	V-たことがある ~한 적이 있다	私は一度アフリカへ行ったことがあります。	N4		
	Vことがある ~하는 경우가 있다	この地方は4月でも雪が降ることがある。	N3		
	Aことといったら ~정도로 말할 것 같으면	花見客の多いことといったら、ゆっくり桜も見られないほどでしたよ。	N3		
	Nのことだから ~이니까	鈴木選手のことだから、本番ではさらにすばらしい演技を見せてくれることでしょう。	N3		
	～こと。 ~할 것.	願書は1月28日必着のこと。窓口での受け付けは行っておりません。	N2	8	p.25
	～ことか ~했던가	人は私のことを頭がいいと言うけど、この試験に合格するために、どれだけ勉強したことか。私の努力は誰も知らないでしょうね。	N2	42	p.77
	～ことから ~라는 점에서, ~해서	このサツマイモは中が赤いことから、紅イモと呼ばれています。	N2	62	p.106
	～ということだ ~라고 한다	ニュースでは、今回の地震による津波の心配はないということです。	N3		

~こと	V ことだ ~해야 한다	仕事でも何でも自分一人で悩まないで、誰かに相談することですよ。	N2	87	p.140
	~ことにする ~하기로 하다	最近、目が悪くなったので、めがねをかけることにしました。	N4		
	V-た ことにする ~한 것으로 하다	私が日本にいる間に、家族がドイツへ旅行に行ったなんて、聞かなかったことにしたいなあ。	N2	119	p.189
	~ことになる ~하게 되다	来月ニューヨークへ行くことになりました。	N4		
	~ことになっている ~하게 되어 있다	来週の月曜日、友達と映画を見ることになっています。	N4		
	~ことに ~하게도	ホテルの部屋に入ったら、驚いたことに、バラの花束とホテルマネージャーからの歓迎メッセージがテーブルの上に置いてあった。	N2	40	p.75
	V ことなく ~하지 않고	今回は優勝することができましたが、これで満足することなく、さらに努力を続けます。これからも、応援よろしくお願いします。	N2	20	p.43
	~ないことには ~하지 않고서는	A：ここに若干名募集って書いてあるけど、何人ぐらい採用するのかなあ。 B：問い合わせてみないことには、詳しいことはわからないよ。	N2	110	p.175
	V ことはない ~할 필요는 없다	君が謝ることはないよ。悪いのは向こうなんだから。	N2	49	p.87
	~ないことはない ~아닌 것은 아니다	A：お酒、お好きですか。 B：そんなに好きではありませんが、飲めないことはありません。	N2	54	p.93
~さえ	~さえ ~조차	来週から出張に行くのに、ホテルの予約はもちろん、航空券の予約さえしてない。	N3		
	~さえ~ば ~만 ~하다면	A：レポート終わった？ B：もう少し。あと、最後のまとめさえ書けば終わりだよ。	N2	43	p.78
~次第	~次第① ~하는 대로	ただ今、全線で運転を見合わせておりますが、情報が入り次第、お伝えいたします。	N2	36	p.67
	N 次第② ~에 따라	登山ルートは天候次第で変更する場合もありますので、ご了承ください。	N2	114	p.180
~だけ	V だけ① ~만큼	今から行っても間に合わないかもしれないけど、行くだけ行ってみようよ。	N2	47	p.81
	V だけ② ~만큼	春節を前にリンさんはお土産を持てるだけ持って、帰国した。	N2	55	p.94

～だけ	～だけに ~인 만큼	この町は文化遺産に登録されているだけあって、住民の環境保護に対する意識も高い。	N2	105	p.165
～つつ	Ⅴつつ ~하면서	クリスマスを前におもちゃ売り場には、喜ぶ子どもの顔を思い浮かべつつ、プレゼントを選ぶお父さんの姿が増えています。	N2	30	p.63
	Ⅴつつも ~하면서도	チョコレートを食べたらにきびが増えると知りつつも、つい手が伸びてしまうんです。	N2	112	p.177
	Ⅴつつある ~하고 있다	異常気象の影響が世界各地に広がりつつある。	N2	71	p.115
～つもり	～つもり ~할 예정	私は来年日本に留学するつもりです。	N4		
	～つもり① ~한 셈 치고	旅行に行ったつもりで、この「列車の旅」のDVDを見て、楽しみましょう。	N2	59	p.97
	～つもり② ~하다고 생각하다	説明書通りにやっているつもりなのに、どうしてもうまくできない。	N2	120	p.190
～とか	～とか ~라든가	私の学校では数学とか物理とか、理科系の科目の時間数が多くて、いい先生がたくさんいる。	N3		
	～とか ~라고 하던데	息子さんが今度結婚なさるとか。おめでとうございます。	N2	107	p.172
～ところ /どころ	～ところ ~하려는 참이다	今から友達と出かけるところです。	N4		
	～ところ (마침) ~할 때	あくびしたところを写真に撮られたって、佐藤さん、怒ってたよ。	N3		
	Ⅴところだった ~할 뻔했다	今朝は30分も寝坊しちゃって、危うく遅刻するところだったよ。	N2	89	p.141
	～どころじゃない ~할 상황이 아니다	A：学校が終わったらカラオケ行かない？ B：カラオケどころじゃないよ！レポート、書かなきゃ。明日締め切りなんだ。	N2	38	p.74
	～どころか ~는커녕	A：旅行、どうだった？沖縄はもう暑いんでしょうね。 B：ううん。雨に降られて、暑いどころかすごく寒くて、風邪ひきそうだったよ。	N2	83	p.135
～にかかわらず	～にかかわらず ~와 상관없이	区民センターの利用料金が変更になりました。和室は、人数にかかわらず、2時間1,000円になります。	N2	5	p.22
	～にもかかわらず ~임에도 불구하고	彼の努力にもかかわらず、業績はよくならなかった。	N2	21	p.44
～に限る /限り	Ⅳに限り ~에 한해	本日に限り、通常価格100グラム1,500円の牛肉を半額でご提供いたしております。	N2	3	p.20

~に限る/限り	N に限って~ない ~에 한해서 ~아니다	うちの子に限って、万引きなんてするはずがありません。	N2	3	p.21
	V 限り ~하는 한	高齢者でも、働ける限りは働きたいと思っている人が多い。	N2	23	p.51
	N に限らず ~에 한정되지 않고	環境対策のためにも、夏に限らず、年間を通して節電を心がけるべきだ。	N2	72	p.116
	N に限って ~에 한해서	よく知らないやつに限って、偉そうなことを言う。	N2	86	p.139
	~に限る② ~가 제일이다	運動の後は、はちみつとレモンのジュースに限る。	N2	104	p.164
~にかけて	N から N にかけて ~에서 ~에 걸쳐서	本日、九州から四国地方にかけて、梅雨入りしました。	N2	32	p.64
	N にかけては ~에 있어서는	日本酒造りにかけては彼の右に出る者はいない。	N2	109	p.174
~につき	N につき ~당	当スポーツクラブ会員以外の方でも、1回につき2,000円で施設をご利用いただけます。	N3		
	N につき ~로 (인해)	清掃中につき、お足元にご注意ください。	N2	1	p.19
~のみ	~のみ ~뿐, ~만	お薬のみご希望の方は、こちらの箱に診察券をお入れください。	N2	58	p.97
	~のみならず ~뿐만 아니라	現在、日本のコンビニは若者のみならず、あらゆる世代の人々に様々な目的で利用されている。	N2	63	p.107
~ばかり	V-た ばかり 막~한 참	父は昨日退院したばかりなのに、今日から会社に出ている。	N3		
	~ばかり ~만, ~하기만 (하다)	最近雨ばかりで、洗濯物が乾かなくて困っています。	N3		
	~ばかり ~하기만 할 뿐	円高が進んで、景気が悪くなるばかりだ。	N2	115	p.181
	~ばかりか ~뿐만 아니라	今日は電車で足を踏まれたばかりか、かばんに入れておいたサンドイッチもつぶされてしまった。	N3		
	~ばかりでなく…も ~뿐만 아니라 ~도	落語は最近、お年寄りばかりでなく若い女性にも人気が出てきた。	N3		
	~ばかりに ~한 탓에	本当のことを言ったばかりに、彼を怒らせてしまった。	N2	48	p.86
~まい	V まい ~하지 않을 것이다	世界経済は状況から見て、すぐに好転することはあるまい。わが社も早急に対策を考えなければならない。	N2	93	p.149

～まい	**V**か**V**まいか ~할지 말지	彼は夏休みに国へ帰ろうか帰るまいかと悩んでいるらしい。	N2	123	p.192
～もの／もん	～もので ~이기 때문에, ~해서	慣れないものですから、ご迷惑をおかけするかもしれませんが、どうぞよろしくお願いします。	N3		
	Vものだ① ~인 법이다	A：うちの息子は最近口答えばかりして、ちっとも言うことを聞かないんですよ。 B：子どもは親に反抗するものですから、それも成長のひとつですよ。	N2	13	p.34
	～ものだ② ~하곤 했다	昔はよく友達と近くの川で泳いだものだ。	N2	132	p.206
	～ものではない ~해서는 안 된다	楽をしてお金をもうけようなんて考えるもんじゃない。	N2	46	p.81
	Nというものだ (바로) ~인 것이다	A：先生、山下君のせいで私たちのグループだけ、作品が完成していないんです。 B：困ったときに助け合うのが友達というものだろ。手伝ってあげなさい。	N2	52	p.90
	～というものではない ~인 것은 아니다	勉強は今日やれば明日やらなくていいというものではない。	N2	25	p.53
	～ものがある ~인 부분이 있다	A：この町、ずいぶん変わりましたね。 B：ええ、便利にはなったんですが、違う町になってしまったみたいで、さびしいものがありますよ。	N2	92	p.148
	～ものの ~이기는 하지만	水泳教室に通ってはいるものの、いまだに25メートルしか泳げない。	N2	39	p.74
	Vものなら (만약에) ~라면	子どものころから星が好きだったので、行けるものなら宇宙旅行に行ってみたいと思っています。	N2	122	p.191
	～ものか (절대로) ~하지 않는다	こんなサービスの悪い店には二度と来るもんか。	N2	51	p.89
	～もん ~인 걸, ~이니까	A：そんなにたくさんお土産買うの？ B：だって、この人形もこのお菓子も日本じゃなきゃ、買えないんだもん。	N2	56	p.95
～よう	～ようだ ~인 것 같다	A：教室の電気がついていますよ。 B：誰かいるようですね。	N4		
	～ようだ (마치) ~같다	あのえんぴつのような形をしている建物は、電話会社のビルです。	N3		
	～ような ~같은	インフルエンザのようなほかの人にうつる病気になったら、治るまで学校へ来てはいけないことになっています。	N3		

225

~よう	Ⅴかのようだ (마치) ~인 것 같다	リンさんの部屋はまるで泥棒が入ったかのように散らかっている。	N3		
	~ようなら ~할 것 같으면	A：すみません。仕事がまだ終わらなくて、ちょっと遅くなりそうなんです。 B：そうですか。じゃあ、6時過ぎるようなら先に行ってますね。	N3		
	Ⅴようでは ~해서는, ~하다니	おしゃれに全然気を使わないようじゃ、社会人としてまずいんじゃない？	N2	84	p.136
	Ⅴようがない ~할 수가 없다	出張の予定だったが、大雪で飛行機が欠航してしまったので行きようがない。	N2	44	p.79
~ように	~ように ~하도록	約束の時間に遅れないように、早く家を出ました。	N4		
	~ようにする ~하도록 하다	A：健康のために、少し運動したほうがいいですよ。 B：じゃ、これから毎日1時間くらい歩くようにします。	N4		
	Ⅴように言う ~하라고 말하다	お母さんからも勉強するように言ってください。	N3		
	~ようになる① ~하게 되다(가능)	日本へ来たときは、納豆が食べられませんでしたが、今は食べられるようになりました。	N4		
	~ようになる② ~하게 되다(습관)	日本へ来てから、自分で料理を作るようになりました。	N4		
	Ⅴようになっている ~하게 되어 있다	ほこりが鼻に入るとくしゃみが出て、自然にそれを外へ出すようになっています。	N2	81	p.133
~わけ	~わけがない ~할 리가 없다	相手は世界でトップのチームだし、がんばったって、勝てるわけがない。	N3		
	~わけではない ~하는 것은 아니다	退院しても、病気が完全に治ったわけではありませんから、無理をしないでください。	N2	19	p.42
	~わけにはいかない ~할 수는 없다	A：Bさん、顔色悪いよ。今日は無理しないで早退したら？ B：でも、午後から大事な会議があるから、帰るわけにはいかなくて…。	N2	57	p.96
	~わけだ① ~한 것이다(납득)	A：このチョコ、1粒1,000円もするんだよ。 B：え！本当？じゃあ、おいしいわけよね。	N2	82	p.134
	~わけだ② ~한 것이다(이유)	食生活の改善と適度な運動によって免疫力が高まり、病気にかかりにくくなるわけです。	N2	134	p.207

N2 Can Do List

장	타이틀	できること	해심 문법
1	お知らせを読む 안내문을 읽다 スタッフ募集のお知らせ 스태프 모집 안내	●お知らせなどの文章が読める。 안내문 등의 문장을 읽을 수 있다. ●求人の条件が理解できる。 구인 조건을 이해할 수 있다.	1 オープンにつき 2 国籍を問わず 3 N2レベル以上の方に限り 4 経験年数に応じ 5 採否にかかわらず 6 当店において 7 面接の際に 8 履歴書持参のこと
2	スピーチをする 스피치 하다 転任のあいさつ 전임 인사	●改まった形で思い出話などをして、お別れのスピーチができる。 격식 차린 형태로 추억담 등을 이야기하고 작별 인사를 할 수 있다. ●改まった形で今後の展望などを話し、お礼のあいさつが言える。 격식 차린 형태로 향후의 전망 등을 이야기하고, 감사의 인사를 할 수 있다.	9 入社して以来 10 部長をはじめ 11 先輩方のご指導のもとで 12 仕事の進め方はもとより 13 人は失敗から学ぶものだ 14 仕事をする上で 15 残念ながら 16 輸出拡大を目的としたプロジェクト 17 この転勤をきっかけに 18 やるからには 19 なくなるというわけではなく 20 これまでと変わることなく 21 雨にもかかわらず
3	説明を聞く 설명을 듣다 ホテルの仕事 호텔의 일	●仕事などの社会生活の場面での心構えを聞いて、理解できる。 일 등 사회생활에서의 마음가짐을 듣고 이해할 수 있다. ●クレーム対応のし方などについての説明を聞いて、理解できる。 클레임에 대응하는 방법 등에 대한 설명을 듣고 이해할 수 있다.	22 スタッフとしての心構え 23 仕事を続ける限り 24 対応させるを得ない 25 謝ればいいというものではありません 26 正当なものかどうかはともかくとして 27 信頼を失いかねません 28 お客様というより 29 安心してはいられません

4	ニュースを聞く 뉴스를 듣다 台風情報 태풍 정보	● 天気予報、台風情報などのニュースを聞いて理解できる。 　일기예보, 태풍 정보 등의 뉴스를 듣고 이해할 수 있다.	30 速度を速めつつ 31 広範囲にわたって 32 九州沿岸から四国にかけて 33 台風の接近にともない 34 雨が降るおそれがあります 35 強風とともに 36 中継がつながり次第
5	友達同士の会話 친구와의 대화 就職活動 취업 활동	● 自分の困った状況が友達に説明できる。 　자신의 곤란한 상황을 친구에게 설명할 수 있다. ● 友達の話に共感して励ますことができる。 　친구의 이야기에 공감하고 격려할 수 있다.	37 京都に行ったきり 38 旅行どころじゃない 39 情報は集めているものの 40 困ったことに 41 人気の業界にしては 42 何回書いたことか 43 やる気さえあれば 44 がんばりようがない 45 苦労したあげく 46 そんなこと考えるもんじゃない 47 出すだけ出してみる
	友達同士の会話 친구와의 대화	● 自分の困った状況、気持ちを友達に説明できる。 　자신의 곤란한 상황이나 기분을 친구에게 설명할 수 있다. ● 友達の状況に共感して励ますことができる。 　친구의 상황이나 성향에 공감하고 격려할 수 있다.	48 経験がなかったばかりに 49 あきらめることではない 50 同期の人に比べて 51 負けるものか 52 それが上司というものよ
6	苦労した5年間 고생한 5년	● 自分の状況や決意したことを友達に話せる。 　자신의 상황이나 결심한 일을 친구에게 말할 수 있다.	53 ぼくのことを思えばこそ 54 わからないことではなかった 55 がんばれるだけがんばろう 56 努力してたんだもん 57 失敗するわけにはいかない 58 自分を信じて進むのみだ 59 スターになったつもりで

7	論説文を読む 논설문을 읽다	・レポートや論説文の、これまでの経緯や状況の説明が理解できる。 리포트나 논설문에서 지금까지의 경위나 상황 설명을 이해할 수 있다.	60 人間の立場から見ると 61 その一方で 62 絶滅したことから 63 被害を与えたのみならず 64 ネズミやビーバーといった 65 数が増えるにしたがって
	オオカミと生態系 늑대와 생태계	・レポートや論説文の説明が理解できる。 리포트나 논설문 등의 설명을 이해할 수 있다.	66 回復させ得る 67 期待に反して 68 連れてくることに関して 69 成果が期待される反面 70 理論上は 71 増加しつつある 72 アメリカに限らず
8	ビジネス場面の会話 비즈니스 상황 속의 대화	・ビジネス場面で社外の人との簡単な受け答えができる。 비즈니스 상황 속에서 회사 밖의 사람과 간단한 대화를 할 수 있다.	73 佐々木様がお見えになりました 74 ご確認いただけますでしょうか 75 ご説明申し上げたい 76 ご連絡いただければと思います 77 日程につきましては
	取引先で 거래처에서		
		・身近な話題について、友達と自然な表現を使って話せる。 친숙한 화제에 대해서 친구와 자연스러운 표현을 사용하여 이야기할 수 있다.	78 メニューが多いのなんのって 79 でさて 80 小林君ったら 81 変わるようになっている 82 食べられなかったわけだ 83 たくさん食べるどころか 84 そんなことも知らないようじゃ
9	友達同士の会話 친구와의 대화		
	食べ放題 무한리필	・身近な話題について、友達と自然な表現を使って話せる。 친숙한 화제에 대해서 친구와 자연스러운 표현을 사용하여 이야기할 수 있다.	85 上品ぶってもしょうがない 86 初心者に限って 87 食べ続けることだよ 88 食べ放題という食べ放題 89 罰金を払わされるとこだった 90 罰金払うくらいなら 91 がんばったほうがずっとましだ

229

	場面	Can-do	表現
10	エッセーを読む 満員電車	エッセーを読んで、筆者の考え方や感じ方が理解できる。	92 つらいものがある 93 ストレスを感じないはいるまい 94 乗客を見るにつけ 95 混んでいるわりには
		エッセーを読んで、筆者の考え方や感じ方が理解できる。	96 立つか立たないかのうちに 97 楽しげにおしゃべりしている 98 くやしいやらうらやましいやら 99 乗客が降りたがると思うと
11	記事を読む ラーメンの紹介	雑誌やインターネット上などの紹介記事を読んで、理解できる。	100 日本料理にほかならない 101 空腹を満たすものにすぎなかった 102 工夫ができる上に 103 ラーメンといっても 104 ラーメンはしょうゆに限る 105 人気店だけあって 106 スープにしろ具にしろ
12	ビジネス場面の会話 ウォーキングシューズの開発	会議で説明したり、意見を言ったりできる。	107 発売されるとか 108 業界の流れにそって 109 ウォーキングシューズにかけては 110 開発しないことには 111 歩きやすさを重視しがちです 112 ほしいと思いつつも
		会議で説明したり、意見を言ったりできる。	113 新商品を作るとしたら 114 デザイン次第で 115 厳しくなる一方です 116 開発に先立って 117 市場調査をした上で 118 社会人の声にこたえた

13	ストーリーを読む 스토리를 읽다	●ストーリーの展開を追って読める。 스토리 전개를 따라 읽을 수 있다. ●登場人物の心情が理解できる。 등장인물의 심정을 이해할 수 있다.	119 昇進の話はなかったことにする 120 がんばったつもりだった 121 つらくてならなかった 122 できるものなら 123 行こうが行くまいか 124 迷った末
	人生の転機 인생의 전환기	●ストーリーの展開を追って読める。 스토리 전개를 따라 읽을 수 있다. ●登場人物の心情や決意表明などを理解できる。 등장인물의 심정이나 결심 등을 이해할 수 있다.	125 たとえどんな事情があっても 126 許しがたい 127 男が止めるのもかまわず 128 恥ずかしさのあまり 129 気持ちを込めて 130 荷物運びでもすれば切符も売る 131 やりぬくぞ
14	社説を読む 사설을 읽다 オリンピックの開催について 올림픽 개최에 대해서	●新聞のコラムや社説を読んで、筆者の説明と主張が理解できる。 신문의 칼럼이나 사설을 읽고, 필자의 설명과 주장을 이해할 수 있다.	132 国を挙げて喜んだものだ 133 開催をめぐって 134 抗議の声が上がることになるわけだ 135 オリンピック開催にあたって 136 資金に加えて 137 用意されたとしても 138 理念に基づいて 139 多くの人が賛同してこそ

231

[저자 소개]

ＡＢＫ (公益財団法人 アジア学生文化協会)

ABK(공익재단법인 아시아학생문화협회)는 1957년 설립된 문화 교류 증진을 위한 공공 재단이며, 일본어 학교와 유학생 기숙사를 운영하고 있습니다. 아시아 학생들과 일본 청소년들의 공동체 생활을 통해 인류 화합 및 과학, 기술, 문화, 경제적 교류를 도모하며 아시아 친선과 세계 평화에 공헌하는 것을 목표로 하고 있습니다.

본교에서는 대학·대학원 진학, 전문학교 진학, 취업 등 학생이 나아가고자 하는 방향에 맞춰 일본어능력시험 혹은 일본유학시험에 대비할 수 있도록 하며, 실력 향상과 강화를 목표로 일본어 교육을 진행하고 있습니다.

집필자는 전원 ABK에서 일본어 교육에 종사하고 있는 교사입니다. 자매단체로 학교법인 ABK 학관 일본어 학교(ABK COLLEGE)도 있습니다.

감　수：町田恵子

집필자：向井あけみ・遠藤千鶴・荻本攝子・福田真紀

협력자：新井直子・内田奈実・大野純子・掛谷知子・勝尾秀和・亀山稔史・國府卓二・新穂由美子・津村知美・成川しのぶ・橋本由子・服部まさ江・藤田百子・星野陽子・町田聡美・森川尚子・森下明子・吉田菜穂子

번　역：황윤실
　　　　한국외국어대학교 일본어교육학 석사
　　　　도쿄외국어대학교 언어문화전공 박사
　　　　前 도쿄외국어대학교 국제일본학연구원 특별연구원
　　　　現 한국외국어대학교 일본어통번역학과 강사

改訂版　TRY!日本語能力試験N2　文法から伸ばす日本語 © ABK 2013
Originally Published in Japan by ASK Publishing Co., Ltd., Tokyo

---

TRY! JLPT 일본어능력시험
N2

초판 1쇄 발행 2022년 2월 18일

지은이 ABK(公益財団法人 アジア学生文化協会)
펴낸곳 (주)에스제이더블유인터내셔널
펴낸이 양홍걸 이시원

홈페이지 www.siwonschool.com
주소 서울시 영등포구 영신로 166 시원스쿨
교재 구입 문의 02)2014-8151
고객센터 02)6409-0878

ISBN 979-11-6150-581-7
Number 1-311111-18111800-02

이 책은 저작권법에 따라 보호받는 저작물이므로 무단복제와 무단전재를 금합니다. 이 책 내용의 전부 또는 일부를 이용하려면 반드시 저작권자와 ㈜에스제이더블유인터내셔널의 서면 동의를 받아야 합니다.

TRY! JLPT N2

중급 문법으로 입 트이는 일본어

べっさつ

별책

やってみよう！・Check 정답

1 お知らせを読む スタッフ募集のお知らせ

1
▶問題p.19
1) d 2) c 3) b 4) a

2
▶問題p.20
1) c 2) a 3) c 4) a

3
▶問題p.21
1) a 2) b 3) a 4) b 5) a

4
▶問題p.22
1) a 2) b 3) a 4) a

5
▶問題p.23
1) d 2) a 3) b 4) c

6
▶問題p.24
1) a 2) b 3) b 4) a

7
▶問題p.24
1) b 2) d 3) e 4) c 5) a

8
▶問題p.25
1) c 2) a 3) d 4) b

Check
▶問題p.26
1) を問わず
2) に応じて
3) において
4) に限り
5) 際
6) こと
7) につき
8) にかかわらず

2 スピーチをする 転任のあいさつ

9
▶問題p.31
1) a 2) b 3) b 4) a

10
▶問題p.32
1) c 2) d 3) b 4) a

11
▶問題p.32
1) 祖父母
2) 両親の同意
3) 社長
4) 協力

12
▶問題p.33
1) a 2) b 3) a 4) b 5) a

14
▶問題 p.35
1) a 2) b 3) a 4) b

15
▶問題 p.36
1) b 2) a 3) a 4) b

Check
▶問題 p.37
1) をはじめとする
2) はもとより
3) ながら
4) のもとで
5) 上で
6) 以来
7) ものだ

16
▶問題 p.39
1) a 2) b 3) b 4) b

18
▶問題 p.41
1) a 2) b 3) b 4) a 5) a

19
▶問題 p.42
1) a 2) b 3) b・a

20
▶問題 p.43
1) a 2) b 3) a 4) b

21
▶問題 p.44
1) a 2) b 3) a 4) a 5) b

Check
▶問題 p.45
1) からには
2) として
3) ことなく
4) わけではない
5) にもかかわらず
6) きっかけ

3 説明を聞く ホテルの仕事

22
▶問題 p.51
1) 研究生・教師
2) 客・スタッフ
3) 趣味

23
▶問題 p.52
1) b 2) a 3) b 4) b

24
▶問題 p.53
1) c 2) d 3) a 4) b

25
▶問題 p.54
1) b 2) a 3) a 4) b

26
▶問題 p.55
1) a 2) a 3) b 4) a

27
▶問題 p.55
1) b 2) a 3) d 4) c

28

▶問題 p.56

1) ということだ
2) といえば
3) というより
4) というものではない

29

▶問題 p.57

1) a　2) b　3) a

Check 📖

▶問題 p.58
1) ざるを得ない
2) かねない
3) というものではありません
4) てはいられない
5) 限（かぎ）り
6) はともかく
7) として
8) というより

④ ニュースを聞く　台風情報（たいふうじょうほう）

30

▶問題 p.63

1) b　2) d　3) a　4) c

31

▶問題 p.64

1) a　2) b　3) a　4) b

32

▶問題 p.65

1) c　2) d　3) a　4) b

33

▶問題 p.65

1) a　2) b　3) a　4) a

34

▶問題 p.66

1) a　2) a　3) a　4) b

35

▶問題 p.67

1) d　2) c　3) a　4) b

36

▶問題 p.68

1) a　2) b　3) a　4) b

Check 📖

▶問題 p.68
1) について・にわたって・つつ・ための
2) にかけて・にともない・おそれがあり・次第（しだい）

⑤ 友達同士（どうし）の会話　就職活動（しゅうしょくかつどう）

37

▶問題 p.73

1) a　2) b　3) a　4) b

38

▶問題 p.74

1) a　2) b　3) b

39

▶問題 p.75

1) a　2) a　3) b

41
▶問題 p.76
1) b 2) b 3) a 4) b

Check
▶問題 p.77
1) どころじゃない
2) ものの
3) にしては
4) ことに
5) きり
6) ことか

43
▶問題 p.79
1) b 2) a 3) d 4) c

44
▶問題 p.80
1) a 2) a 3) b 4) b

45
▶問題 p.81
1) a 2) b 3) b 4) a

Check
▶問題 p.82
1) あげく
2) さえ
3) ようがない
4) ものではない
5) だけ

6 友達同士の会話 苦労した5年間

48
▶問題 p.87
1) a 2) b 3) a 4) a

49
▶問題 p.88
1) c 2) d 3) b 4) a

50
▶問題 p.89
1) a 2) b 3) a 4) c

51
▶問題 p.90
1) c 2) a 3) b

Check
▶問題 p.91
1) に比べ
2) ものか・ことはない
3) というものだ
4) ばかりに

54
▶問題 p.93
1) a 2) b 3) a

55
▶問題 p.95
1) b 2) a 3) d 4) c

56
▶問題 p.96
1) d 2) c 3) a 4) b

57
▶問題 p.97
1) a 2) b 3) a

59
▶問題 p.98
1) c 2) b 3) d 4) a

Check 📖

▶問題 p.99

1) ないこともない
2) もの
3) わけにはいかない
4) だけ
5) つもり
6) こそ
7) のみ

7 論説文を読む　オオカミと生態系

60

▶問題 p.104

1) b　2) a　3) a　4) b

61

▶問題 p.106

1) c　2) a　3) d　4) b

62

▶問題 p.107

1) c　2) a　3) d　4) b

63

▶問題 p.108

1) a　2) b　3) a　4) a

65

▶問題 p.109

1) a　2) b　3) a　4) b

Check 📖

▶問題 p.110

1) 一方
2) にしたがって
3) のみならず
4) ことから

5) から見ると
6) といった

67

▶問題 p.113

1) a　2) b　3) a

68

▶問題 p.113

1) b　2) a　3) a

70

▶問題 p.115

1) 理論上
2) 職業上
3) 事実上
4) 教育上

71

▶問題 p.115

1) a　2) a　3) b　4) b

72

▶問題 p.116

1) a　2) b　3) a　4) a

Check 📖

▶問題 p.117

1) に反して
2) 上
3) 得る
4) に関する
5) つつある
6) 反面
7) に限らず

8 ビジネス場面の会話
取引先で

73
▶問題 p.124
1) a 2) b 3) a 4) a

74
▶問題 p.124
1) b 2) d 3) c 4) a

75
▶問題 p.125
1) b 2) c 3) d 4) a

76
▶問題 p.126
1) b 2) c 3) d 4) a

Check
▶問題 p.127
① b ② b ③ a ④ b
⑤ a ⑥ a ⑦ a ⑧ a

9 友達同士の会話
食べ放題

79
▶問題 p.132
1) b 2) a 3) a 4) a

81
▶問題 p.134
1) a 2) b 3) a 4) b

82
▶問題 p.135
1) a 2) b 3) c 4) a

83
▶問題 p.136
1) a 2) b 3) a

Check
▶問題 p.137
1) わけです
2) のなんのって
3) ようになっている
4) ったら
5) たて
6) ようじゃ
7) どころか

89
▶問題 p.141
1) a 2) b 3) b 4) a

90
▶問題 p.142
1) b 2) d 3) a 4) c

91
▶問題 p.143
1) b 2) b 3) a 4) b

Check
▶問題 p.144
1) ところだった
2) ましだ
3) ことだ
4) くらいなら
5) に限って
6) という
7) ぶって

10 エッセーを読む 満員電車

93
▶問題 p.149
1) b 2) a 3) a 4) b

95
▶問題 p.151
1) d 2) a 3) b 4) c

Check 📖
▶問題 p.152
1) ものがある
2) わりに
3) まい
4) につけ

97
▶問題 p.154
1) b 2) a 3) b 4) a

99
▶問題 p.156
1) a 2) b 3) a 4) a

Check 📖
▶問題 p.156
1) やら・やら
2) かと思ったら
3) げ
4) か・か

11 記事を読む ラーメンの紹介

101
▶問題 p.162
1) b 2) a 3) a 4) b

102
▶問題 p.162
1) a 2) b 3) a 4) b

103
▶問題 p.164
1) a 2) b 3) c

105
▶問題 p.165
1) a 2) c 3) b 4) a 5) b

106
▶問題 p.167
1) a・a 2) b・b 3) a 4) b

Check 📖
▶問題 p.168
1) といっても
2) にしろ
3) だけに
4) 上に
5) にほかならない
6) に限る
7) にすぎない

12 ビジネス場面の会話 ウォーキングシューズの開発

107
▶問題 p.173
1) A 2) A 3) B 4) A
5) A・B

108
▶問題 p.174
1) a 2) b 3) a

109
▶問題 p.175
1) a 2) b 3) a 4) a

110
▶問題 p.176
1) c 2) b 3) d 4) a

111
▶問題 p.177
1) b 2) d 3) a 4) c

Check
▶問題 p.178
1) がち
2) にかけては
3) とか
4) ないことには
5) にそって
6) つつも

113
▶問題 p.180
1) a 2) b 3) a 4) b

115
▶問題 p.181
1) B 2) A 3) B

116
▶問題 p.182
1) a 2) a 3) b 4) b

117
▶問題 p.183
1) b 2) a 3) a 4) b

118
▶問題 p.183
1) a 2) a 3) b

Check
▶問題 p.184
1) 上で
2) にこたえて
3) に先立って
4) としたら
5) 次第
6) 一方

13 ストーリーを読む 人生の転機

119
▶問題 p.189
1) b 2) a 3) a 4) a

120
▶問題 p.190
1) b 2) c 3) d 4) a

121
▶問題 p.191
1) a 2) b 3) b 4) a

122
▶問題 p.192
1) a 2) b 3) b 4) a

124
▶問題 p.193
1) b 2) b 3) c 4) a

Check
▶問題 p.194
1) でならない

2) ものなら
3) 末(すえ)
4) ことにして
5) つもり
6) まいか

125
▶問題 p.196

1) d 2) b 3) a 4) c

126
▶問題 p.197

1) a 2) b 3) a 4) b

128
▶問題 p.198

1) b 2) a 3) a 4) b

129
▶問題 p.199

1) a 2) a 3) a 4) b

130
▶問題 p.200

1) a・a 2) a・a 3) b・b 4) a

131
▶問題 p.201

1) a 2) b 3) a 4) a

Check 📖
▶問題 p.201

1
1) もかまわず
2) を込めて
3) あまり
4) ぬく
5) がたい

2
1) a
2) b

14 社説を読む オリンピックの開催について

132
▶問題 p.206

1) a 2) c 3) a 4) b 5) a

133
▶問題 p.207

1) a 2) b 3) a 4) b

134
▶問題 p.208

1) a 2) a 3) c

137
▶問題 p.210

1) a 2) b 3) a 4) a

138
▶問題 p.210

1) a 2) b 3) b 4) a 5) a
6) b

Check 📖
▶問題 p.212

1) に加えて
2) をめぐって
3) にあたって
4) に基づいて
5) としても
6) わけだ
7) てこそ
8) ものだ

まとめの問題
정답・스크립트

1 お知らせを読む
スタッフ募集のお知らせ

▶問題 p.27

問題1
① 2　② 3　③ 3　④ 4
⑤ 3　⑥ 3

問題2
① 3　（1→4→**3**→2）
② 3　（2→1→**3**→4）
③ 2　（4→3→**2**→1）
④ 3　（4→1→**3**→2）

問題3
① 3　② 3　③ 2　④ 1
⑤ 2

問題4
① 3　② 1　🔊 03

留学生会館のお知らせを聞いています。

F：横田国際留学生会館からのお知らせです。来たる3月10日土曜日の午後2時から「留学生と英語で交流しよう」という会を開催いたします。15名ほどの各国の留学生と、レベルに応じてグループに分かれて交流します。年齢、職業を問わず、16歳以上の方ならどなたでもご参加いただけます。ただし、希望者が多い場合は、住民の方を優先しますので、それ以外の方は横田国際留学生会館に直接お問い合わせください。参加費はお茶代として500円。当日、留学生会館にお越しの際にお支払いください。定員は40名です。電話番号は…。

F：ねえ、このイベント、おもしろそうよ。
M：え？ ああ、留学生会館、いつも料理教室やっているところだね。へえ、英語かあ。
F：うん。いつも、英語で話すチャンスがないって言ってたじゃない。
M：そうだね。「レベルに応じて」だから、ぼくでも大丈夫かな？ じゃ、行ってみようか。
F：そうよ。行ってきたら？
M：え？ 一緒に行かないの？
F：私、その日はちょっとね。
M：わかったよ。じゃ、がんばってくるよ。

① 何のお知らせですか。
② 2人はこのあと、どうしますか。

2 スピーチをする
転任のあいさつ

▶問題 p.46

問題1
① 1　② 4　③ 3　④ 2
⑤ 2　⑥ 3　⑦ 1　⑧ 4

問題2
① 2　（4→1→**2**→3）
② 1　（2→4→**1**→3）
③ 1　（4→3→**1**→2）
④ 1　（4→3→**1**→2）

問題3
① 2　② 4

問題4
1
① 3　🔊 06

女の人が話しています。

F：私は老人ホームなど福祉の現場で10年間働いて、ご本人やご家族の方から様々な質問を受けてきましたが、その間ずっと、福祉について分かりやすく説明して

あるものがあったらいいなあと思ってきました。それで今回、皆さんが疑問に思われることをまとめて、このガイドブックを作りました。この本をきっかけに、皆さんが福祉について考えてくださることを期待しております。

女の人は何について話していますか。
1 女の人が福祉の現場で働いてきたこと
2 女の人がご家族の方から質問されたこと
3 女の人が本を書いた理由
4 みんなの福祉に対する期待

2 3 🔊07

女の人が話しています。

F：この会は主婦を中心に結成されたボランティア団体です。地域の環境を整えて、子どもたちもお年寄りも安心して暮らせる街づくりを目指しています。できるだけ多くの方に参加していただいて、協力して住みよい街づくりに貢献したいと思います。主婦でなくても、この活動に興味を持たれた方はぜひご参加ください。

女の人は何のために話していますか。
1 ボランティア団体を結成するため
2 地域の環境を整えるため
3 新しいメンバーを募集するため
4 ボランティア活動に参加するため

2

1 1 🔊08

M：よう、元気そうだね。こうやって集まるの、大学卒業以来だね。
F：1 ほんとに懐かしいね。
　　2 大学卒業したっけ？
　　3 いつ集まるつもり？

2 2 🔊09

F：何遊んでるのよ。ちょっと手伝ってくれない？

M：1 じゃ、一緒に遊ぼうよ。
　　2 別に遊んでるわけじゃないよ。
　　3 手伝ってくれないの？

3 説明を聞く ホテルの仕事

▶問題p.59

問題1
| 1 | 4 | | 2 | 2 | | 3 | 3 | | 4 | 4 |
| 5 | 3 | | 6 | 2 | | 7 | 1 | | 8 | 4 |

問題2
1 2 （4→3→**2**→1）
2 4 （2→1→**4**→3）
3 4 （3→2→**4**→1）

問題3
1 2　　2 3　　3 4　　4 3
5 2

問題4

1

3 🔊11

女の人と男の人が話しています。男の人は今すぐ何をしますか。

F：課長、先ほど東京商事からお電話があって、納入した機械に問題があったそうなんです。
M：えっ！？担当は後藤君だよね。今出張中だったっけ。
F：ええ、連絡は取れますが、すぐに対応できるかどうか…。
M：遅れると取り引きがだめになりかねないし、この件は私がなんとかせざるを得ないかな。
F：関係書類を持ってきましょうか。
M：そうだね。とりあえず私が先方に連絡を取って、場合によっては東京商事へ行くことにするよ。

男の人は今すぐ何をしますか。

2

|1| 2 🔊12

F：何なの、この映画。お金払って損した。
M：1　ほんと、見ざるを得ないよ。
　　2　そうだね、見るんじゃなかった。
　　3　うん。今度見ようよ。

|2| 1 🔊13

M：すみません、ちょっとインタビューに答えてもらえませんか。
F：1　ちょっと時間がないので。
　　2　答えかねますよ。
　　3　はい、そうしますよ。

|3| 3 🔊14

M：おい、そんなにスピード出したら、事故を起こしかねないぞ。
F：1　スピード出して、事故起こしたんだって。
　　2　あそこで、事故があったみたい。
　　3　わかったよ。安全運転でいくよ。

4 ニュースを聞く 台風情報

▶問題 p.69

問題1

|1| 3　　|2| 2　　|3| 4　　|4| 2
|5| 1　　|6| 3　　|7| 2

問題2

|1| 3　（4→1→**3**→2）
|2| 2　（3→4→**2**→1）
|3| 3　（1→4→**3**→2）

問題3

|1| 2　　|2| 3　　|3| 4　　|4| 1

問題4

1

|1| 2 🔊16

男の人が話しています。東西線について、正しい情報はどれですか。

M：皆様、ご迷惑をおかけいたしまして、誠に申し訳ございません。ただ今東西線は信号故障のため、全線にわたって運転を見合わせております。安全が確認され次第、運転を再開いたしますので、しばらくお待ちください。

東西線について、正しい情報はどれですか。

|2| 3 🔊17

女の人が話しています。東北地方の日本海側の人は何に注意が必要だと言っていますか。

F：東北地方の日本海側には大雪警報が出ています。今夜から明日にかけて、強い風と雷をともなって大雪になるおそれがありますので、積雪とともに、落雷、強風にもご注意ください。

東北地方の日本海側の人は何に注意が必要だと言っていますか。

|3| 2 🔊18

女の人が話しています。このお知らせを聞いた人はどうしますか。

F：東名高速道路は18日日曜日の午前0時から月曜日の午前にかけて、工事のため、全面通行止めになります。安全第一で作業を進めますので、皆様のご理解とご協力をお願いいたします。

このお知らせを聞いた人はどうしますか。

2

　|2| 🔊19

F：先日、問い合わせた件ですが、その後どうなっていますか。
M：1　はい、問い合わせをしております。

2　ただ今調べておりますので、わかり次第ご連絡いたします。
3　はい、どういたしましょうか。

5 友達同士の会話
就職活動

▶問題 p.83

問題1

|1| **4**　　|2| **3**　　|3| **3**　　|4| **1**
|5| **1**　　|6| **4**　　|7| **2**

問題2

|1| **1**　（3→2→**1**→4）
|2| **3**　（1→4→**3**→2）
|3| **3**　（2→4→**3**→1）

問題3

|1| **1**　　|2| **3**　　|3| **2**　　|4| **4**

問題4

1

3　🔊 22

女の人と男の人が話しています。女の人は何が一番問題だと思っていますか。

F：ねえ、この間、電子マネーの利用金額をチェックしたら、前より増えててびっくりしちゃった。
M：ぼくも…無駄遣いは気をつけなくちゃと思うものの、コンビニオリジナルの新商品とかあると、つい…。
F：うん、あまり考えないで買っちゃうよね。
M：便利だしね。財布から1円玉とか5円玉とか探さなくてもいいし。
F：そうだけど、知らないうちにお金を使っちゃうのってまずいよね。
M：うん。電子マネーだと、お金を直接財布から出さないからなあ。使った金額なんて、チェックしないしね。
F：そうそう。お金を使ったという感覚がないのが一番いけないんだよね。気をつけなきゃね。

女の人は何が一番問題だと思っていますか。

2

|1| **2**　🔊 23

F：お昼、一緒に食べに行かない？
M：1　え？行くところがないの？
　　2　ごめん、それどころじゃないんだ。
　　3　じゃ、ゆっくり食べてね。

|2| **3**　🔊 24

M：君、こんなレポートじゃ、直しようがないよ。
F：1　ええ、直しようがないでしょう。
　　2　じゃ、部長、直しましょうよ。
　　3　すみません。もう一度書いてきます。

6 友達同士の会話
苦労した5年間

▶問題 p.100

問題1

|1| **1**　　|2| **3**　　|3| **3**　　|4| **4**
|5| **3**　　|6| **4**

問題2

|1| **1**　（3→2→**1**→4）
|2| **2**　（3→1→**2**→4）
|3| **4**　（3→2→**4**→1）

問題3

|1| **2**　　|2| **4**

問題4

1

|1| **4**　🔊 27

専門家が話しています。メダカを飼う場合に、最も大切なことは何ですか。

F：皆さんこんにちは。今日はメダカを初めて飼う場合、どうしたらいいか、田中先生にお話を伺います。田中先生、よろしくお願いします。

M：メダカは川にいる魚ですから、自然に近い環境が必要です。といっても、難しく考えることはありません。小石や水草を入れてやれば、メダカはストレスなく生きていくことができるでしょう。メダカは強い魚なので、飼い方も難しくはありませんが、毎日きちんと面倒をみないと死んでしまいますから、それだけは絶対に忘れないでください。

メダカを飼う場合に、最も大切なことは何ですか。

② 2　🔊 28

女の人と店の店長が話しています。伊藤さんは昨日何をしましたか。

F：昨日はすみませんでした。アルバイト、休むわけにはいかないと思ったんですけど、熱が高くて、起きられなくて…。
M：まだ、顔色悪いね。店のほうは君の代わりに伊藤さんが来てくれたし、気にすることはないよ。
F：え？昨日は伊藤さん、用事があったはずなんですけど…。
M：そう言ってたけど、無理言って頼んだんだ。まぁ、今度代わってあげればいいんじゃない？

伊藤さんは昨日何をしましたか。

2

① 2　🔊 29

M：無理すれば、頂上まで行けないことはなかったけど…。
F：1　でも、行きましたね。
　　2　やっぱりやめてよかったですね。
　　3　そうですね。無理しましたね。

② 2　🔊 30

M：犯人についての情報を集められるだけ集めてくれ。
F：1　はい、集めるだけですね。
　　2　はい、やってみます。
　　3　はい、情報だけ集めます。

③ 3　🔊 31

F：そんなに笑うことはないでしょう。
M：1　だって、悲しいんだもん。
　　2　だって、おもしろくないんだもん。
　　3　だって、変な格好してるんだもん。

7 論説文を読む　オオカミと生態系

▶問題 p.118

問題1

1	2	2	1	3	3	4	1
5	1	6	3	7	3	8	1
9	2

問題2

1　**4**　（3→1→**4**→2）
2　**3**　（4→1→**3**→2）
3　**2**　（4→3→**2**→1）
4　**4**　（2→1→**4**→3）
5　**1**　（3→4→**1**→2）

問題3

| 1 | 1 | 2 | 3 | 3 | 2 | 4 | 4 |
| 5 | 2 | 6 | 1 |

問題4

1

3　🔊 34

電器店の社長が社員と話しています。

F：社長、駅向こうのエース電気、また値下げセールやってますよ。うちも値下げセールやりましょうよ！

M：やりたくても、これ以上安くするのは経営上無理なんだよ。だから、その分、サービスで勝負したいんだ。今は修理サービスだけだし…。
F：ほかの店がやらないようなのじゃないとだめですよね。
M：うちは年配のお客様が多いだろ？ この点から見て、何か考えられないかな。
F：わかりました。みんなで考えてみます。

これから考えることは何ですか。
1　値下げセールについて
2　店の経営状態について
3　新しいサービスについて
4　修理サービスについて

2

1　3　　2　3　🔊 35

講演会で、先生が勉強する時間について話しています。

F：最近は朝早起きして勉強する人も増えていますが、実際にはいつ勉強したら効果的なのでしょうか。本日は脳科学がご専門の本田先生にお話を伺います。
M：確かに朝は集中力が高くなりますね。しかし記憶の面からいうと、人間の脳は眠っている間にその日に経験したことを再生して、記憶を強化することがわかっているんです。特に再生しているのは寝る直前の時間帯の情報です。このことから、記憶する必要がある勉強は、夜寝る前にしたほうが効果的だと言えるでしょうね。ベッドに入って、目をつぶるだけでも脳内の情報整理には効果があるんですよ。
M：これ、寝る前に勉強したほうが、よく頭に入るということだよね。やっぱり、試験勉強は夜ってことだね。ぼくは間違ってなかったんだ。

F：でも、早起きして勉強したほうが、頭がすっきりしているし集中できていいんだけどな。
M：ぼくは今までどおり勉強するよ。でも君は無理に変えることはないんじゃない？
F：まあね。朝型生活は続けるとして、夜寝る前にもう一度復習しよう。そうすれば、もっと覚えられるということだよね。
M：中田さん、まじめだねえ。

1　この先生はいつ勉強したらよく覚えられると言っていますか。
2　女の人はどうすることにしましたか。

3

1　2　🔊 36

M：これ、宇宙人の写真だって。でもあり得ない話じゃないよね。
F：1　うん、私も宇宙人はいないと思う。
　　2　え？ 宇宙人がいると思っているの？
　　3　何言ってるの、それは宇宙人の話よ。

2　1　🔊 37

F：今朝の新聞には景気が回復しつつあるって書いてあったけど、どう思う？
M：1　ぼくもそう思うよ。うちの会社も注文が増えているしね。
　　2　ぼくもそう思うよ。うちの会社も注文が減っているしね。
　　3　ぼくもそう思うよ。仕事が全然増えないもん。

8　取引先で
ビジネス場面の会話

▶問題 p.128

問題1
1　1　　2　2　　3　2　　4　3
5　2　　6　1　　7　4

問題2

1	**4**	(2→1→**4**→3)
2	**4**	(3→2→**4**→1)
3	**3**	(1→4→**3**→2)

問題3

| 1 | **2** | | 2 | **1** | | 3 | **2** | | 4 | **4** |

問題4

1

4 🔊 39

男の人と女の人が電話で話しています。

M：もしもし、高橋様のお宅でしょうか。
F：はい。
M：私、小林と申します。
F：ああ、小林さん。先日はわざわざお越しいただいて、ありがとうございました。
M：いえ。せっかくご招待いただきましたのに、とんだことをいたしまして、本当に申し訳ございませんでした。
F：いいえ、どうぞお気になさらず…。
M：いえ、あのー、たいへん失礼ですが、あの花瓶と同じ物があれば買い求めてお返しさせていただきたいと存じますので、ぜひお店を教えていただきたいと思いまして…。

男の人が電話で一番したかったことは何ですか。
1　先日招待してもらったお礼を言うこと
2　花瓶を割ったことを伝えること
3　買った花瓶を返すこと
4　花瓶を買った店を聞くこと

2

1 🔊 40

M：では、明日3時に当社へお越しください。
F：1　はい、明日3時にお伺いいたします。
　　2　はい、明日3時にいらっしゃいます。
　　3　はい、明日3時にお待ちしています。

2 3 🔊 41

F：部長、トニー株式会社の山本様が受付にお見えです。
M：1　トニー株式会社の部長は山本さんじゃないよ。
　　2　あ、そう。受付に見えるよ。
　　3　あ、そう。じゃ、すぐ行くよ。

9 友達同士の会話　食べ放題

▶問題 p.145

問題1

| 1 | **2** | | 2 | **3** | | 3 | **4** | | 4 | **2** |
| 5 | **2** | | 6 | **3** | | 7 | **1** |

問題2

1	**3**	(4→1→**3**→2)
2	**4**	(2→1→**4**→3)
3	**3**	(4→1→**3**→2)
4	**2**	(3→1→**2**→4)
5	**1**	(2→4→**1**→3)

問題3

| 1 | **1** | | 2 | **2** | | 3 | **4** | | 4 | **1** |

問題4

1

4 🔊 44

男の人と女の人が話しています。男の人はどうしてポイントがつけられませんでしたか。

M：去年旅行に行ったとき、マイレージカード忘れちゃって。けっこうポイントつくはずだったのに…。
F：帰国してからでもポイントつけられるようになっているでしょ？
M：うん。それ知らなくて、教えてもらってやろうと思ったんだけど…。
F：わかった。搭乗券捨てちゃったんでしょ。
M：ううん。記念に取ってあったし…。でも

教えてもらったのがついこの間で、期限切れちゃってたんだ。
F：そうなんだ。残念だったね。この次はカード忘れないことね。

男の人はどうしてポイントがつけられませんでしたか。

2

1　3　🔊 45

F：焼きたてのケーキがあるのよ。食べていかない？
M：1　ええ、食べていきません。
　　2　え？今からケーキ焼くんですか。
　　3　え？いいんですか。

2　2　🔊 46

M：今朝、電車に荷物忘れるところだったよ。
F：1　え？何を忘れたんですか。
　　2　え？気がついてよかったですね。
　　3　え？じゃ、駅に連絡しましょうか。

3　1　🔊 47

M：こんな簡単な書類が書けないようでは仕事にならないよ。
F：1　はい、すみません。
　　2　はい、仕事ですから。
　　3　はい、書けないようです。

10 エッセーを読む 満員電車

▶問題 p.157

問題1
|1| 1　　|2| 3　　|3| 2　　|4| 4

問題2
|1| 3　（4→1→**3**→2）
|2| 3　（2→4→**3**→1）
|3| 4　（2→3→**4**→1）

問題3
|1| 4　　|2| 1　　|3| 2　　|4| 3

問題4

1

1　3　🔊 50

動物園で男の人が話しています。男の人は、この鳥が動かないのは何に関係があると言っていますか。

M：えー、こちらにいるのは、動かない鳥として有名なハシビロコウです。ご覧のように、体のわりに頭が大きく、くちばしが広いのが特徴です。この鳥が動かないのは、食事のし方に理由があります。アフリカの湖に住むハシビロコウは、草の陰で静かに待ち続け、魚が水面に上がってきたときにこの大きいくちばしでおそいかかるんです。動物園にいるのは比較的動くと言われていますが、今日も先ほどえさの時間に少し動いたきり、30分以上このままです。あっ、そちらのお子さん気をつけてください。子どもをおどろかそうとして、突然近寄ってくることがありますから…。

この鳥が動かないのは何に関係があると言っていますか。

2

1　1　🔊 51

M：あーあ、さっき皿を割ったかと思ったら、またやっちゃったよ。
F：1　今度は何やったんですか。
　　2　それはよかったですね。
　　3　じゃ、やっちゃいましょう。

2　2　🔊 52

F：昨日はテスト全部書けたって得意げな顔してたのに、どうしたの？
M：1　うん、得意じゃないんだよ。

17

2　それが、全然だめだったんだよ。
3　うん、いい結果だったよ。

3 ③ 🔊53

M：昨日駅前のカラオケに行ったんだけど、あそこにはもう二度と行くまいと思ったよ。
F：1　え？また、行くの？
　　2　え？二度と行かなかったの？
　　3　え？何かあったの？

11 記事を読む　ラーメンの紹介

▶問題 p.169

問題1
① 4　② 2　③ 3　④ 4
⑤ 2　⑥ 1

問題2
① 4　（2→1→**4**→3）
② 4　（3→2→**4**→1）
③ 3　（2→1→**3**→4）
④ 4　（2→3→**4**→1）

問題3　3

問題4
① 4　🔊55

女子学生が大学の入学試験の面接について先生に相談しています。女子学生が一番心配なのは何ですか。

M：明日の面接、大丈夫だよね。
F：先生、自信がないです。本番は全部忘れてしまいそうで。それに人気校だけに、競争率も高いし。
M：そうだね。でも、競争率が高いといっても、あなたは入れるだけの実力があるじゃない。
F：先生、もし練習と違う質問をされたら、どうしたらいいですか。それが一番心配

で…。
M：失敗を恐れず、堂々とあなたの考えを言いなさい。自信がなさそうなのは一番いけないよ。
F：はい、わかりました。今から気持ちを切り替えます。

女子学生が一番心配なのは何ですか。

② ② 🔊56

両親が子どもの将来について話しています。お父さんはどう思っていますか。

F：隆、プロ野球選手になりたいんだって。
M：いいじゃないか。何か問題でもあるのか。
F：だって。あなただって、プロ野球選手になれなかったじゃない。
M：けがしたからなあ。
F：私はあなたみたいに学校の先生になってほしいのよ。
M：確かにおれも高校の教師になってよかったと思うよ。
F：そうだよね。その上、野球部の監督もやっているし…。いい人生じゃない。
M：隆にもすすめたい気がするけど、隆はまだ高校2年だろ。野球選手にしろ、教師にしろ、自分の人生だ。まあ、今から夢を捨てることはないと思うよ。

お父さんは隆君の将来についてどう思っていますか。

12 ビジネス場面の会話　ウォーキングシューズの開発

▶問題 p.185

問題1
① 1　② 4　③ 2　④ 1
⑤ 4　⑥ 3　⑦ 2　⑧ 3

問題2
① 2　（3→1→**2**→4）
② 3　（2→4→**3**→1）

3 **2** （1→4→**2**→3）

問題3
1 **3**　　2 **4**　　3 **1**　　4 **3**

問題4
1

1 **4**　　2 **3**　🔊 59

大学で先生が学生に話しています。

M1：最近では、日本はもとより、ヨーロッパやアメリカなどでも魚はよく食べられるようになりました。しかし、残念ながら、それはマグロ、サケなどの決まった魚になりがちです。日本では昔から大きい魚、小さい魚、いろいろな魚を食べてきましたが、海の生き物の生態系を壊さないためには必要なことなのです。様々な種類の魚をバランスよく食べるほうが自然に優しいと言えるのです。ですから、皆さんにそれをお願いしたいと思います。

F：どうしてバランスよく食べると自然に優しいの？

M2：マグロがどんどん減っているっていうのは知ってるよね。

F：うん。高くなったよね。それに、もうすぐ食べられなくなっちゃうんじゃないかって言われてるよね。

M2：そうそう。それでマグロのえさになる小さい魚が増えすぎて、海の生き物のバランスがくずれてるっていうことなんだよ。

F：だから、海の中のバランスを取るためにも小さい魚も食べましょうっていうことね。

1 この先生が一番言いたいことは何ですか。
2 どうして小さい魚も食べたほうがいいのですか。

2

4 🔊 60

社長がインタビューを受けています。

F：本日はユニークな経営方針で知られる藤川社長にお話を伺います。藤川工業は、金属加工の技術にかけては世界トップレベルだと伺っておりますが…。

M：ありがとうございます。そういう評価をいただけるのは社員の技術のおかげです。物を作る仕事は誰でも簡単にできると思われがちですが、その技術こそが会社の財産なので、わが社では年齢、経験、国籍を問わず、高い技術を持った社員を高く評価してきたんです。

F：具体的には？

M：能力次第では役員並みの給料がもらえるということです。実際にそういう社員がいるんですよ。評価されることで、皆が自分の技術に自信を持つようになり、どこに出しても恥ずかしくないものが作れるようになったんです。

藤川社長が一番言いたいことは何ですか。
1 技術が世界トップレベルなこと
2 物作りは簡単だと思われがちなこと
3 様々な社員を採用していること
4 能力評価が発展につながったこと

3

1 **3**　🔊 61

M：いい選手になれるかどうかは君の努力次第だよ。
F：1　はい、いい選手になりました。
　　2　はい、君の努力です。
　　3　はい、がんばります。

2 **1**　🔊 62

M：日程が決まらないことには切符が取れないよ。
F：1　じゃ、決まったら連絡するよ。

```
2  じゃ、決めないね。
3  じゃ、切符取ってね。
```

13 ストーリーを読む 人生の転機

▶問題 p.202

問題1

|1| 3 |2| 1 |3| 3 |4| 3
|5| 2 |6| 3 |7| 4 |8| 1

問題2

|1| 2 （4→1→**2**→3）
|2| 1 （3→2→**1**→4）
|3| 1 （2→4→**1**→3）

問題3

|1| 2 |2| 3 |3| 4 |4| 1

問題4

1

|1| 🔊 65

映画監督がテレビで話しています。

```
F：監督、今度の映画は、どんな感じなんで
   すか。
M：人生をあきらめないでって言いたいんで
   す。たとえどんなに辛いことがあっても、
   がんばればいいこともあるんだって伝え
   られればと思うんです。
F：そうですか。
M：前半は主人公に同情しつつ見ていただい
   て、後半からはミステリーもあれば、ア
   クション場面も出てくるようなスピード
   感のある展開をお楽しみいただけると思
   います。
F：そうですか。公開が楽しみですね。あり
   がとうございました。
```

監督が観客に伝えたいメッセージは何だと言っていますか。

1 人生をあきらめないこと
2 主人公がつらい人生を送っていること
3 ミステリーの犯人さがしを楽しむこと
4 アクションにスピード感があること

2

|1| 2 🔊 66

```
F：今の話、聞かなかったことにして。
M：1  はい、ちゃんと聞きました。
   2  じゃ、誰にも言わないよ。
   3  え？ 知らなかったんですか。
```

|2| 3 🔊 67

```
F：これでちゃんとやったつもりなの？
M：1  ありがとうございます。
   2  けっこうです。
   3  すみません。
```

14 社説を読む オリンピックの開催について

▶問題 p.213

問題1

|1| 4 |2| 2 |3| 1 |4| 2
|5| 3

問題2

|1| 3 （2→4→**3**→1）
|2| 1 （2→4→**1**→3）
|3| 4 （2→1→**4**→3）

問題3

|1| 2 |2| 3 |3| 4 |4| 1

問題4 4